Shoukeena

11 Schlüssel zur Meisterschaft der Neuen Zeit

Eine praktische Orientierung für alle Lebensbereiche
ab 2012/13

zeitenwende-verlag - herrsching am ammersee

Originalausgabe

ISBN 978-3-00-036826-4

1. Auflage 2011

Umschlaggestaltung: Hamido Kardell, www.kardellmedia.de, München
nach einer Inspiration von Shoukeena

Lektorat: Doris Devashakti Fischer, Herrsching am Ammersee
Sibylle Müller, www.urungurundi.com, Paraguay

Satz: Martin Hoffmann, www.waldwort.com, Paraguay

Druck: AduPrint, www.aduprint.hu, Ungarn

Inhalt

Aufwachen, bitte!

Was will die aktuelle Zeitqualität konkret von uns im täglichen Leben, und vor allem was will sie ***für*** uns, wofür ist sie da? Es gibt so viele Gelegenheiten im Alltag, um sich konkret für das Neue oder das Alte zu entscheiden. Entscheiden wir uns für die Liebe oder für die Angst?

Dafür gebe ich Ihnen eine konkrete Anleitung und Orientierung in 11 Schlüsseln.

Die Energie des Zeitgeistes will,
dass wir ***frei sind – nicht nur funktionieren,***
dass wir ***wirklich lieben – nicht taktieren,***
dass wir ***Lebensfreude fühlen – nicht Druck.***

Das Buch, das Sie in den Händen halten, möchte Sie unterstützen, sich in allen Lebensbereichen für die Fülle, die Gesundheit, die Liebe zu entscheiden. Denn die reine göttliche Energie ist immer die ursprüngliche Wahrheit und möchte durch uns sichtbar werden. Sie ist die reine Schöpferkraft, Lebensfreude, Leichtigkeit und Liebe.

Von wissenschaftlicher Seite haben Sie, liebe Leserin, lieber Leser bestimmt schon einiges gehört, was die Veränderungen in der Neuen Zeit sind, wie z.B. die Erhöhung der Schumann-Frequenz und deren Auswirkung, die Quantentheorie, das Abnehmen des Erdmagnetismus, das Sich-Annähern der Erde an die Plejaden, die Sonnenstürme, etc.

Darauf werde ich nicht weiter eingehen, meine Aufgabe ist die konkrete, lebendige Umsetzung dieser Energie im konkreten Alltag.

Dieses Buch ist allen aufrichtigen Abenteurern des Lebens gewidmet, die endlich wieder ihre Wahrhaftigkeit einbringen wollen in diese besondere Zeit. Ich möchte Sie ermutigen, diesen Abenteurer in Ihnen wieder zu erwecken, damit Sie ein Teil derer werden, die einen frischen Segen in die Welt bringen.

Dafür sind Sie gekommen und nicht, um der Illusion zu verfallen, dass alles schwieriger wird, und wir in einer Krise untergehen. Das wird es für die werden, die daran glauben, denn nach dem Gesetz der Resonanz werden die, die an die Krise glauben, sie auch erleben, und die, die an Erlösung glauben, werden die Erlösung erleben.

Die wahren Abenteurer, wie z.B. die edlen Ritter von damals, die auf der Suche nach dem Heiligen Gral waren, schulten sich in vielen verschiedenen Qualitäten, wie der Kunst, den Körper im fairen Kampf zu beherrschen, der Kunst der Poesie, die aus dem Herzen entspringt, der aufrichtigen Suche nach dem Echten, nach wahrer Freundschaft, Wahrhaftigkeit und Ehre.

Obwohl diese Qualitäten verloren scheinen, ist alles noch da und viele tragen den Samen und dieses alte Wissen noch in sich, und alles, was einst begonnen hat, wartet jetzt darauf, wieder erinnert zu werden. Das Leben als sinnvolles Abenteuer wartet auf konstruktive Mitspieler, auf die wahren Helden von einst.

Die gute Nachricht ist, es ist alles noch da. Das Echte gibt es immer noch, es ist wie ein Quell frischen Wassers, der nie versiegt, und den jeder in sich hat, den er wieder freischaufeln, reinigen, schätzen und schützen kann.

Das, was in unserem Inneren nicht mehr rein ist, was für uns und unser Umfeld ungenießbar geworden ist, an dem wir selber kranken, das können wir jetzt verwandeln. Hier unterstützt uns der Zeitgeist, und unsere Aufgabe ist, uns bereitzuerklären, uns zu läutern und reinigen zu lassen durch Transformation und Ausrichtung auf das Echte.

Diese innere Verschmutzung ist durch faule Kompromisse, durch Verrat, Betrug und Manipulation entstanden, die wir mit uns selbst, unseren Liebsten und unserem Umfeld gemacht haben, weil wir nicht mehr geglaubt haben, dass Ehre, Ethik, Fairness und aufrichtige, mitfühlende Liebe existieren.

Aber diese Eigenschaften existieren noch, sie sind immer noch der gesunde Kern eines jeden Menschen.

Jetzt wollen sie wiederentdeckt werden und in jedem einzelnen erwachenden Menschen wieder lebendig sein. Das wird erst mal Arbeit, aber die lohnt sich, denn indem wir bereit sind, in uns das zu verändern, was uns nicht gefällt, ändern wir die Welt, so wie sie uns gefällt.

Es ist Zeit, die Komfortzone zu verlassen, Zeit zur Umkehr. Wir haben alle Anlagen, Fähigkeiten und Talente dazu in uns, nur müssen wir wieder lernen, auf die Impulse des Herzens zu hören und nicht einfach, wie bisher, nach gewohnten Vorstellungen oder aus einem abgekoppelten Verstand heraus zu handeln.

Unser Auftrag ist, daran zu glauben, in sich das Wahre wieder zu befreien und das Alte, das Manipulative, das Angstmachende nicht mehr mitzumachen.

Sehr viele Kirchen und religiöse Organisationen, spirituelle Ämter und viele andere Institutionen haben Regeln, die nicht mehr zeitgemäß sind. Wir brauchen eine wirklich neue Orientierung, und die finden wir wieder in uns selbst, in einem wachen, edlen Herzen, das nie verloren gegangen ist.

Ziel des Neuen Zeitalters ist, dass jeder in sich selbst wieder seine eigene Autorität entdeckt und sich selbst mit der göttlichen Quelle verbindet.

Es braucht keine 'Zwischenhändler' mehr.

Verbunden mit dem Göttlichen werden wir in unsere Mitte kommen und eigenständige, bewusste, liebevolle Schöpfer zum Wohle aller Lebewesen auf der Erde werden.

Dafür müssen wir jetzt aufwachen! Weg vom Fernseher, weg von der Zucker-, Fleisch- und Sexindustrie, die nur Ablenkung und Trägheit bringen. Es gibt viel zu tun – erinnern Sie sich, Sie sind nicht umsonst hier, Ihre Talente werden gebraucht.

Packen Sie die Herzenswünsche und Visionen wieder aus, jetzt ist die Zeit gekommen, das längst Begonnene miteinander zu vollenden. Unsere Waffen von damals sind Aufrichtigkeit, Mut, Tatendrang und wahre Herzensliebe. Dafür lohnt es sich, sich wirklich einzulassen auf das Leben, mit allem umzugehen, was es uns zeigt, und das, was uns nicht gefällt, Schritt für Schritt in unserem eigenen Inneren zu verwandeln.

Es geht jetzt darum, in sich den Funken wieder zu entfachen, einen konstruktiven Beitrag für die Gefährten, die Menschengemeinschaft, Mutter Erde und ihre Lebewesen zu leisten. Und die beste Nachricht ist: Wir sind die, auf die wir immer schon gewartet haben. ☺

Ich möchte Sie mit diesem Buch ermutigen, dieser neuen Energie zu vertrauen, und Sie dabei unterstützen, das, was an Wahrheit und Emotion an die Oberfläche kommt, zu bewältigen, um dann durch deren Wandlung genau das zu erschaffen, was Sie glücklich macht.

Und das Schöne daran ist, dass das, was Sie wirklich glücklich macht, alle fühlenden Wesen dieser Welt glücklich macht, mit denen wir immer verbunden sind.

Erwachen Sie, liebe Wegbegleiter der Neuen Zeit, und bringen wir gemeinsam durch uns das Goldene Zeitalter in die Welt!

Ihre
Shoukeena

Wie diese Zeit konkret funktioniert

2012 — der konkrete Umgang im Alltag mit der Neuen Zeit, die bereits begonnen hat

Ich möchte Ihnen eine für den Alltag anwendbare Anleitung geben und Ihnen genau aufzeigen, wie Sie persönlich das erschaffen können, was Ihnen am Herzen liegt.

Wenn Sie diese Energie des neuen Zeitgeistes richtig nutzen, können Sie wie ein Wellenreiter ihre Freude damit haben und oben auf der Welle surfen. Sie können sich Dinge in Ihrem Leben erschaffen, von denen Sie schon immer geträumt haben und die in dieser Art noch nie möglich waren.

Denn die gute Nachricht ist, der Zeitgeist gibt Rückenwind für jedes wahre Herzensanliegen, es wird alles unterstützt, was aus einem reinen Herzen entspringt. Alles, was nicht aus der reinen Liebe kommt, wird uns allerdings um die Ohren fliegen.

Es ist die Zeit, wieder in unser Herz zu gehen.

Wenn wir einen Moment innehalten und lauschen, was das Herz gerade mitteilt, werden die not-wendigen Impulse kommen. Sie führen uns auf einen sinnvollen und erfüllten Weg, der immer wie ein frischer, klarer Fluss ist, weil er aus dem wahren Moment entspringt, wie ein Quell. Die Natur zeigt hier eine deutliche Analogie. Die Handlungen, die aus dem Funktionieren, dem sogenannten vernünftigen Denken, veralteten Regeln und Gewohnheiten entstehen, sind wie abgestandene Gewässer und machen den Einzelnen und unsere gesamte Gesellschaft träge und krank.

Ohne die Zugabe der Herzensqualität, der Liebe, wird unser Leben abgetrennt und zerstörerisch, und wir fühlen auch keine

Verbindung oder Verantwortung für unsere Erde, unsere Mitmenschen oder unser Leben.

Jetzt werden frische Impulse benötigt, um mit der schnellen Veränderung dieser Zeit mitzukommen. Es braucht Mut und Freude, um sich auf Abenteuer wieder einzulassen und nicht mit vielen Versicherungen, unmässigem Essen oder anderen Ablenkungen die Lebendigkeit zu begraben.

Das geht, indem wir wieder in den Fluss des Augenblicks eintauchen und immer wieder neu überprüfen: „Stimmt der eingeschlagene Weg von gestern noch, oder braucht es etwas Neues und was ist es?“ Diese Antworten kommen, wenn wir unser Herz wieder öffnen, das genau weiß, was zu tun ist, um kreativ und gesund im Fluss und mit der Entwicklung der Zeit zu sein.

Eine Qualität des Zeitgeistes ist auch, dass die Wahrheit und alle möglichen bisher vertuschten Hintergründe sichtbarer werden und jetzt auf den Tisch kommen, im Großen, wie im Kleinen.

Im Großen hören wir in den Nachrichten die Mauscheleien der Parteien, die wahren Hintergründe der Finanzwelt, die Machenschaften und den Missbrauch von Institutionen, Beispiel Kirchenmänner oder Gesundheitswesen.

Im Kleinen fliegen die kleinen Unehrlichkeiten und Betrügereien zwischen den Menschen auf. Wahrheiten treten zutage, es lässt sich nichts mehr unter den Teppich kehren, verstecken, vertuschen, und das macht die Dinge klar und deutlich. Endlich!

Die Verletzungen, die wir erfahren haben, die uns dazu gebracht haben, das Herz zu verschliessen, kommen jetzt an die Oberfläche, und die Chance ist, diese jetzt zu fühlen, zu heilen und zu verabschieden, damit das Herz wieder gereinigt wird und neu fühlen und lieben kann.

Die Medien berichten täglich über Katastrophen, Klima-Veränderungen, unsichere Zeiten – und machen damit noch mehr Angst. Wir können uns entscheiden, dem nicht unsere Aufmerksamkeit zu schenken, sondern unsere Verantwortung zu uns zurückzunehmen.

Es geht darum, in uns die Disharmonien aufzulösen und nicht im Beklagen der Welt da draußen steckenzubleiben.

Weil wir jetzt klar sehen, was diejenigen, an die wir unsere Verantwortung abgegeben haben, damit gemacht haben, können wir entscheiden, unsere Macht wieder zu uns zurück zu nehmen.

Hunger, Atom-Gefahr, die Verschmutzung der Meere, die Kriege, Depressionen und Krankheiten machen es deutlich. Der Druck, den wir im Alltag spüren, will uns nur zeigen, dass es Zeit ist, etwas zu verändern und zwar durch unsere konkreten Entscheidungen im täglichen Leben.

Anstatt sich dem Druck noch mehr zu beugen und sich im alten System noch mehr anzupassen, gilt es, ein neues Vertrauen in sich selbst zu entwickeln und neue Schritte zu wagen.

Wir überwinden die Angst für die Liebe und den nicht verloren gegangenen Wunsch nach wahrem Frieden, und das geschieht, indem wir in uns alles verändern, was disharmonisch ist.

Es ist ja längst Zeit, neue Wege zu gehen und das wissen wir. Die Umkehr im Denken und Handeln ist in jedem Einzelnen nötig. So kommen wir aus der Ohnmacht und der misslichen Lage wieder heraus – und wir sind viele.

Jetzt können wir klarer sehen denn je und täglich entscheiden, was wir mit unserer Kraft weiterhin nähren und unterstützen wollen – es liegt an uns. Auf diese Weise haben wir die Chance, uns zu reinigen, zu läutern, Karma zu löschen. Sich völlig zu erneuern und zu erwachen, ist in diesem einen Leben möglich.

Welch ein Geschenk!

Der Zeitgeist fühlt sich für mich wie ein hilfreiches, liebevolles, sehr klares und gutes Wesen an, an das Sie sich wenden können und das Sie unterstützen möchte, das Liebevolle, das Leichte, das Neue zum Wohle aller umzusetzen.

In der neuen Energie nimmt niemand etwas weg, jeder nimmt den Platz ein, der ihm zusteht, das Spiel des Taktierens, Manipulierens und der Magie hört endlich auf, stattdessen wachsen Vertrauen, Freude, Liebe und wahres Miteinander, die wahren göttlichen Eigenschaften.

Wenn Sie sich mit all Ihren Engpässen und Herausforderungen im Alltag innerlich an den Zeitgeist wie an ein hilfreiches Wesen wenden und sich vertrauensvoll auf das Neue ausrichten, können Hilfe, Gnade und Wunder erfahrbar werden.

Die göttliche Energie, die uns in Form des Zeitgeistes begleitet, möchte, dass wir uns Schritt für Schritt immer mehr von der Vernunftsebene auf die Herzensebene begeben. Dadurch wächst die eigene Herzenskraft und das Vertrauen in den neuen Weg, den alle fühlenden Wesen brauchen, die Menschen, die Tiere, die Pflanzen, die Erde.

In diesem Übergang vom alten in das neue Zeitalter sind wir aufgefordert, jeden Moment zu entscheiden: will ich in der alten Art weitermachen, oder wage ich das Neue, auch wenn ich es noch nicht kenne und nicht weiß, wie das gehen soll. Schon die klare und bewusste Entscheidung für das, was stimmig ist, was es vielleicht noch nicht gibt, wird die Kräfte mobilisieren, es zu erschaffen.

So wird sich das Neue verfestigen und so wird es eine segensreiche und gnadenvolle Zeit sein, wenn wir um diese Qualität wissen und so bewusst mit erschaffen können.

Und es dient unserer Befreiung, uns nicht mehr am Außen zu orientieren und uns davon nicht lähmen und ängstlich machen zu lassen, sondern zu lernen, nach innen zu lauschen und die innere Wahrheit zu entdecken, an sie zu glauben und sie durch eigene Taten umzusetzen.

Dadurch können wir uns wieder auf uns selbst verlassen, womit das Vertrauen und die Sicherheit in die eigene Autorität wachsen werden, die uns keiner mehr nehmen kann, weil sie wahrlich die eigene ist. So entstehen wieder Selbstvertrauen und Gottvertrauen, das ***wahre Fundament*** für ein unabhängiges, konstruktives Leben.

Jetzt ist die Zeit des Aufräumens, der Wahrheit und der Transformation, und je mehr Menschen wissen, dass das ein notwendiger Bewusstseinsprozess ist, der gerade stattfindet, umso leichter fällt die Bereitschaft, sich in diesen Prozess hineinzugeben und sich läutern zu lassen.

Denn das geschieht automatisch, weil die auftauchenden Wahrheiten erst einmal auch Emotionen freisetzen, die wir durch bewusstes Fühlen in Transformation bringen.

Die Schleier lichten sich, das heißt, die Wahrheit, was das Mysterium unseres Lebens eigentlich ist, wird klarer und die Verbindung und hilfreichen Energien aus der geistigen Welt sind dem scheinbar physischen Leben näher denn je.

Das neue Zeitalter wird auch das 'Goldene Zeitalter' genannt, in dem Frieden, Liebe und Mitgefühl gelebt werden. Das ist der Umschwung und die Ausrichtung, zu denen wir aufgerufen sind, um aktiv mitzuwirken, jeder in seinem Umfeld.

Bisher regierte eine berechnende Macht, und Sie mussten funktionieren und vom Herzen abgetrennte Regeln befolgen, die Ihnen und der Umwelt gar nicht gut taten, wie jeder nun sehen kann.

Wir wechseln vom Fische-Zeitalter in das Wassermann-Zeitalter und dafür kommt kein neuer Erlöser, wie zu Beginn des letzten Zeitalters vor etwa 2000 Jahren, sondern dieser Wunsch nach Erlösung erwacht jetzt in jedem Einzelnen. Dadurch kommt jeder Einzelne wieder in seine eigene Macht, in seine eigene Anbindung und Handlungsfähigkeit zurück.

Damit die Liebe wieder regiert, haben wir jetzt den Auftrag und alle Unterstützung, unser Herz wiederzuerwecken und allen Zorn, Hass, Rache und Angst in uns selbst zu entdecken, zu verwandeln und uns zu vergeben. Die Frage, „Entscheiden Sie sich für die Liebe, oder folgen Sie dem Alten aus Angst?“, wird Ihnen täglich begegnen. Und je öfter Sie sich für die Liebe entscheiden, umso mehr werden Sie sie wieder im konkreten Leben erfahren.

Teilweise befinden wir uns gleichzeitig schon in der Neuen Zeit, und noch in der alten. Jede Zeit und jede dieser Ebenen braucht unterschiedliche Verhaltensweisen. Diese werde ich im folgenden erläutern, damit Sie den Übergang konstruktiv meistern können.

Es wird Zeit, sich zu erinnern:

Wir sind spirituelle Wesen in menschlicher Gestalt und wir sind mehr als die persönliche Erscheinung mit Name, Adresse und Beruf. Hinter dieser Erscheinung fließt der eine göttliche Geist, der sich individuell über unsere Talente, unsere Art und über unseren Seelenplan ausdrücken möchte.

Wenn wir uns an diesen Auftrag, diese Energie und die geistigen Gesetze hingeben und konkret in unserem täglichen Leben die folgenden 11 Schlüssel anwenden, werden wir die Energien der Neuen Zeit fröhlich und lebendig nutzen und das Neue, das Mitfühlende, das Herzliche, das Nährende und Friedliche mit einer neuen inneren Autorität möglich machen. Das Wassermann-Zeitalter sagt: „Give peace a chance!"

Das ist der Geist, der jetzt wirkt, und diesem Frieden geben wir eine Chance, indem wir ihn wirklich anstreben und in uns, jeder in sich, den Unfrieden zugeben und verwandeln.

So wird es eine heilige Zeit, eine Zeit der Chancen und Möglichkeiten.

Es ist wichtig, sich mit den Menschen zu verbinden, die diese Chance nutzen wollen und die bereit sind, ***selbstverantwortlich*** zu sein. Und mit ihnen gemeinsam werden wir diesen Planeten wieder erleben, wie er gedacht ist: ein Ort, der allen Lebewesen in Fülle das bereit hält, was sie für ihr Wachstum und die Liebe brauchen.

Viele Menschen schon erkennen diese Zeit als Chance und nutzen sie, um daran zu wachsen. Und wenn auch Sie dazugehören wollen, dann gibt es viel zu tun, um mit unserer Wachheit und Herzensgüte die Visionen der Neuen Zeit umzusetzen, und es wird möglich durch Träumen und Handeln.

So viele Lebensbereiche brauchen frischen Wind, wie das Schulsystem, das Finanzsystem, die Kirche, das Gesundheitswesen. „Love it! Leave it! Or Change it!" – so lautet die Devise des konstruktiv Handelnden.

Konkret können wir mit den 11 Schlüsseln die aktuelle Zeitqualität optimal nutzen:

Es geht vor allem darum, klare Entscheidungen zu treffen und entsprechend zu handeln.

Um das tun zu können, müssen wir in der Mitte ausbalanciert sein, wie jemand, der auf einem Grat wandert.

Es braucht die Balance im rechten Maß zwischen den Polen Yin und Yang, links und rechts, männlich und weiblich und die Balance zwischen Oben und Unten, um die Herausforderungen verstehen und meistern zu können.

In dieser Balance, wach im konkreten Leben mit einem offenen, mitfühlenden Herzen und der Bereitschaft zur Handlung wohnt die Autorität, die die Welt jetzt braucht.

Ein Abenteurer der Neuen Zeit ist wie ein guter Segler, er ist Kapitän auf seinem eigenen Schiff, er setzt sein Segel gekonnt in den Raum der geistigen Gesetze, nutzt den Wind des Zeitgeistes, sein Kiel ist die eigene, stabile, innere Mitte, die er mit Aufrichtigkeit und Disziplin im konkreten Leben umsetzt. Seine Reise geht gen Sonne, wieder direkt in die Liebe. So gelingt das Neue!

Entschuldigen Sie bitte, liebe Leserin, dass ich in der männlichen Form schreibe, korrekt wäre es natürlich, beide Formen zu verwenden, aber das macht den Lesefluss so kompliziert.

Denn natürlich ist eine Abenteurerin der Neuen Zeit wie eine gute Seglerin, sie ist Kapitänin auf ihrem eigenen Schiff, sie setzt ihr Segel gekonnt in den Raum der geistigen Gesetze, nutzt den Wind des Zeitgeistes, ihr Kiel ist die eigene stabile, innere Mitte, die sie mit Aufrichtigkeit und Disziplin im konkreten Leben umsetzt. Ihre Reise geht gen Sonne, direkt in die Liebe. So gelingt uns allen das Neue.

Wie können Sie jetzt konkret das Zentriertsein üben und anwenden? Beginnen wir mit Schlüssel Nummer 1:

Teil 1

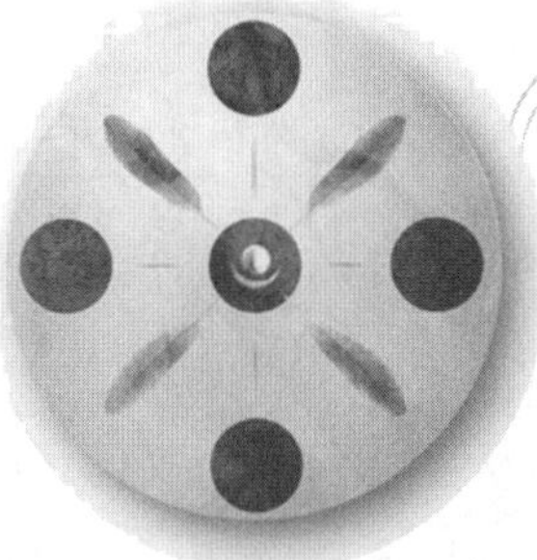

Die 11 Schlüssel zur Meisterschaft der Neuen Zeit

Schlüssel 1 & 2:

Annahme und Nicht-Wertung

Soll eine Veränderung entstehen, ist die Grundvoraussetzung dafür die Annahme der Situation und die Selbstannahme.

Die Dinge, die im Leben geschehen, entstehen nicht von ungefähr, sondern sie sind durch das Gesetz der Resonanz ins Leben gekommen. Sie unterliegen einer höheren Ordnung, die nicht immer gleich ersichtlich ist.

Das Gesetz der Resonanz bedeutet, dass wir eine bestimmte Schwingung haben, eine bestimmte Ausstrahlung, wie man so schön treffend sagt, und eine dazu passende Schwingung anziehen. Diese Ausstrahlung entsteht durch unsere Gedanken, Glaubensmuster, Prägungen und Gefühle.

Indem wir bewusst wahrnehmen, was sich im Leben zeigt, sehen wir, was wir über die Welt denken. Durch Bewusstheit können wir in uns die Gedanken und Prägungen aufspüren, in uns heilen und so die Resonanz ändern. Daraufhin ändert sich auch unser wirkliches Leben.

Indem wir ablehnen, was sich im eigenen Leben zeigt, zieht sich der Knoten nur fester zu und er kann sich nicht lösen.

Verbunden mit der Annahme dessen, was ist, ist es sinnvoll, sich an alle geistigen Gesetze hinzugeben, in die Sie eingebunden sind. Die geistigen Gesetze sind die wahre Richtlinie, die Sie achten sollten, wenn Sie in Harmonie mit dem Leben bleiben wollen.

Wenn Sie den Inhalt dieser Gesetze kennen, können Sie harmonisch mitfließen. Ich gehe im Laufe des Buches genauer auf drei der Gesetze ein.

Da das ein für sich komplexes und wichtiges Thema ist, empfehle ich Ihnen, die geistigen Gesetze in der Tiefe noch einmal woanders nachzulesen. (Dan Millman, 'Die Lebenszahl als Lebensweg')

Nur mal kurz zusammengefasst: Jeder kennt das Gesetz der Schwerkraft auf dieser Erde, und indem wir darum wissen und die Schwerkraft akzeptieren, machen wir es uns leicht und springen nicht aus dem Fenster, bzw. tun uns nicht weh.

Ebenso ist es mit den geistigen Gesetzen, die man nicht so direkt sehen kann. Die Gesetze, auf die ich mich beziehe, sind das ***Gesetz der Resonanz***, das ***Gesetz der Energie*** und das ***Gesetz vom rechten Maß***.

Die beiden letzteren erkläre ich in einem späteren Kapitel noch genauer.

Nach dem geistigen Gesetz der Resonanz begegnet uns im sogenannten äußeren Leben das, was wir durch die eigene Einstellung, Prägung und Gedanken anziehen. Wir sind also verantwortlich für das, was wir denken und somit verantwortlich für das, was wir erleben.

Nehmen Sie das Beispiel von zwei Harfen. Spielt man eine Saite der einen Harfe an, bringt das die gleich gestimmte Saite der anderen Harfe von selbst zum Klingen.

Deswegen bringt das Beschuldigen und Bewerten unserer Lebensumstände nur das Verfestigen von dem, was uns im Leben nicht gefällt.

Sich ständig sorgen heißt beten um das, was wir nicht wollen.

Übernehmen Sie Verantwortung für Ihre Gedanken und ändern Sie sie, wenn sie nicht harmonisch und liebevoll sind, denn Sie werden das, was Sie denken, in Ihr Leben ziehen.

» Achte auf Deine Gedanken, denn sie werden Deine Worte.
Achte auf Deine Worte, denn sie werden Deine Handlungen.
Achte auf Deine Handlungen, denn sie werden Deine Gewohnheiten.
Achte auf Deine Gewohnheiten, denn sie werden Dein Charakter.

Achte auf Deinen Charakter, denn er wird Dein Schicksal. «

(Aus dem Talmud)

Durch die Qualität des Zeitgeistes kommen jetzt alle Informationen, Emotionen, Speicherungen und Glaubensmuster, die wir bisher so nicht sehen konnten, aus dem Unterbewusstsein an die Oberfläche. Sie zeigen sich unweigerlich immer mehr sowohl im Kollektivbewusstsein, wie wir in der Politik täglich sehen, als auch im Persönlichen, wo nichts mehr vertuscht werden kann. Gott sei Dank! ☺

Jetzt haben wir die Aufgabe, diese auftauchenden Wahrheiten aus dem eigenen Inneren bewusst zu bemerken und neue Entscheidungen zu treffen. Damit kommen die Blockaden ins Fließen und in die Heilung. Und das geht, indem wir nicht mehr bewerten, uns selbst nicht und die Anderen nicht.

Jeder macht Fehler, das gehört zum Menschsein dazu, und Fehler müssen auch gemacht werden, um daraus zu lernen.

Es gibt im Grunde keine Schuld. Wichtig ist die Bereitschaft, in uns selbst das Unharmonische zu entdecken und ohne Bewertung und Verurteilung durch Fühlen zu transformieren.

Mit den Bewertungen und Verurteilungen bleiben wir in unserem ungeliebten Dasein hängen und nehmen uns die Chance, frei und beweglich weiterzukommen.

Da alles, was uns außen begegnet, in uns ist, ist jede Beschuldigung Anderer eine Selbstbeschuldigung, und die tut weh und ist nicht konstruktiv. Mit den Beschuldigungen gehen wir von uns selbst weg und geben dadurch unsere Eigenmacht ab. Da wir jemand anderen nicht ändern können, wenn er es nicht möchte, machen wir uns auf diese Weise ungewollt zum Opfer. Indem wir aber Verantwortung für das in uns übernehmen, was wir sehen, auch in uns selbst, haben wir wieder die Macht, etwas zu ändern.

Das, was im Außen geschieht, gibt uns den Hinweis auf das Disharmonische in uns selbst. Das heißt, der Spiegel außen zeigt uns, dass wir unsere eigenen Bedürfnisse nicht achten und uns selbst hintenan stellen.

Wenn Sie ab jetzt etwas Disharmonisches in Ihrem Leben bemerken, forschen Sie in sich selbst nach disharmonischen Gedanken, eventuellen ursächlichen Traumata, oder Emotionen, die die schwierige Situation hervorgerufen haben könnten, und ändern diese Programmierung in sich. Das bedeutet ehrliche Selbstreflektion, die ich unter 'Arbeit mit dem inneren Kind' (siehe Seite 49, Punkt 4) noch genauer erkläre.

Und der Trick des Ganzen: Indem Sie sich ändern, geben Sie eine neue Resonanz in Ihr Umfeld! Damit bewegt sich automatisch etwas in dem Feld, in dem Sie sind, weil die neue Schwingung, die Sie mitbringen, auf ihr Umfeld wirkt. Durch die wirkliche Veränderung in Ihnen selbst wird sich Ihr Umfeld verändern, oder Sie können es verlassen, weil es nicht mehr stimmig ist, was vielleicht bisher nicht ging.

Wenn Sie erkennen, dass Sie zum Beispiel unzufrieden mit dem Chef sind, weil er Ihre Arbeit nicht wertschätzt, dann ist das der Moment, in sich zu fragen, ob ***Sie*** sich wertschätzen.

Wenn Sie anstelle von Selbstreflektion dabei bleiben, sich über den Chef zu beklagen, und all Ihre Energie dort hineingeben, dann wird diese Arbeits-Beziehung nur schlimmer werden.

Konstruktiv wäre an diesem Punkt, Ihre eigene Problematik in sich liebevoll anzunehmen, das wirken zu lassen, auch sich helfen zu lassen und dann zu handeln. Reden Sie mit dem Chef über das, was Sie brauchen, und stehen Sie für Ihre Bedürfnisse ein.

So haben Sie eine Chance, aus Ihren ungeliebten Wiederholungen auszusteigen, wenn Sie sich ab jetzt für mehr Gewahrsein und Selbstverantwortung entscheiden. Üben Sie, Ihre Gedanken zu beobachten und somit einen Abstand zum Geschehen zu finden. Identifizieren Sie sich nicht mehr damit, sondern nehmen Sie es nur als Hinweis.

Nehmen Sie an, was Sie erleben, mit Selbstliebe, ohne zu bewerten. Sehen Sie das tägliche Geschehen nicht mehr als absolute Wahrheit, sondern als momentane Wahrheit, die Ihnen einen Hinweis auf eine innere Disbalance geben will. Das ist alles nicht so schlimm, es ist als Ihre Veränderungsmöglichkeit gedacht.

Im Laufe des Buches wird das ganze Konzept immer klarer und Ihr Leben auch, wenn Sie die hier beschriebenen Schlüssel anwenden.

Bewertungen verfestigen das, was uns nicht gefällt, und wenn wir auch uns selbst nicht mehr verurteilen, kann die Selbstliebe wieder wachsen. Auf diese Weise können wir uns gleichzeitig an die ursprüngliche göttliche Energie wieder andocken, so wie es eigentlich gedacht ist. Sie ist immer noch in der perfekten Ordnung und will uns zeigen, wie das Leben eigentlich gemeint ist, gütig und mit Liebe. Was uns an Disharmonischem begegnet, kommt aus unseren Prägungen und Glaubenssätzen.

Wenn wir erkennen, dass diese nicht die ganze Wahrheit sind, und unsere Persönlichkeit etwas beiseite stellen, können Fügungen, Wunder und Heilungen geschehen.

Annahme ist der erste Schritt, damit Veränderung geschehen kann. Solange wir noch gegen etwas sind und andere dafür verantwortlich machen, bleibt es in der Resonanz und wird sich so wiederholen müssen.

In diesem Gewahrsein, in diesem 'Raum-Lassen' – anstatt das zu glauben, was Sie immer geglaubt haben – können die Liebe, die göttliche Energie, Gott, die Einheit, das Licht, oder wie Sie es nennen wollen, wirken und das macht alles wieder harmonisch. Dies wird gerade vom Zeitgeist begünstigt und macht den Fluss der Gnade möglich.

Üben Sie, auch wenn etwas Schlimmes passiert, erst einmal nicht in den Widerstand zu gehen und zu bewerten und zu beschuldigen, sondern anzunehmen, was ist.

Stellen Sie sich die Frage: „Was soll ich aus dieser Situation lernen? Was kann es für einen Sinn haben, dass es ist, wie es ist?" Sie werden eine Antwort darauf erhalten durch Eingebungen, Hinweise, Bücher oder andere Menschen.

Und wenn wir so unsere Begebenheiten und Begegnungen im Alltag nutzen, haben wir viele tägliche Veränderungsmöglichkeiten. Dann werden die Herausforderungen plötzlich zu Entwicklungschancen.

Schlüssel 3:

Balance und das rechte Maß zwischen den Polen

Auf unserer Erde gibt es immer diese zwei Pole, die sich in uns ebenso wiederfinden, wie scheinbar im Außen. Nach dem erwähnten Gesetz der Resonanz zeigt sich außen das, was in Ihnen ist, und auch in Ihnen sind diese zwei Pole, die jetzt in Balance kommen wollen.

In den Philosophien des Ostens nennt man diese Pole Yin und Yang, was es etwas neutraler trifft, als weiblich und männlich. Für uns geht es jetzt in erster Linie darum zu lernen, diese Pole wieder als gleichwertig zu betrachten.

Yin ist das Intuitive, das Herz, die rechte Gehirnhälfte, das Fühlen, das Künstlerische, das Bildhafte, das Unsichtbare, das Weiche, das Runde, etc.

Yang steht für das Handelnde, das Rationale, die linke Gehirnhälfte, die Vernunft, das Denken, das Lineare, das Sichtbare, das Harte, die Stärke, das Eckige, etc.

Diese Eigenschaften sind ***gleichwertig*** und wir brauchen beide Anteile gleichermaßen, bzw. müssen sie in uns ins Gleichgewicht bringen, um aus einer gesunden Mitte weise zu schöpfen.

Schöpfung ist, wenn das Weibliche und das Männliche sich verbinden – dann entsteht etwas Drittes, das kennen wir ja schon. ☺

Und so ist es jetzt auch in uns, dem Neuen Menschen, der beides gleichermaßen in sich verwirklicht, und so aus sich heraus das Neue erschaffen kann.

Sind die beiden Pole im Ungleichgewicht, entsteht nicht Schöpfung, sondern Zerstörung. Bisher wurden die beiden Pole nicht als gleichwertig betrachtet, was uns alle in große Schwierigkeiten gebracht hat. Schwach-Sein wurde abgelehnt, Gefühle waren nicht erwünscht, Weich-Sein wurde belächelt.

An den folgenden Beispielen von Yin- und Yang-Paaren sehen Sie, um welche Mitte es konkret geht.

Yin	*Yang*
weiblich	männlich
Nacht	Tag
geschehen lassen	handeln
nachgeben	sich durchsetzen
loslassen	festhalten/bewahren
Gefühl	Vernunft
Versagen	Gelingen
Schwäche	Stärke
Chaos	Ordnung
Flexibilität	Struktur
um Hilfe bittend	Selbständigkeit
Demut	Selbstachtung

Sie sehen schon, dass die Qualitäten der rechten Seite, wie Struktur, Stärke, Vernunft, in unserem Leben mehr zählten, als die linke Seite, die eher abgelehnt wurde. Das kam durch das patriarchale, männlich geprägte, einseitige Konzept der letzten Jahrtausende. Und Teil der jetzt anstehenden Zeitenwende ist, dass das Patriarchat zu Ende geht und das ursprüngliche Gleichgewicht wiederhergestellt werden will.

Ich möchte an dieser Stelle gar nicht speziell gegen das Patriarchat wettern, sondern Bewusstsein für Ungleichgewichte schaffen, egal in welcher Richtung sie destruktiv sind.

Das zeigt sich vor allem auch im geistigen Gesetz vom rechten Maß, das beinhaltet, dass im Universum immer ein Gleichgewicht stattfinden will – im rechten Maß eben. Das Universum ist Harmonie und Ordnung.

Heutzutage geht es darum, das rechte Maß wiederherzustellen aus der in der Vergangenheit überbetonten männlichen Seite und der nicht geachteten weiblichen Seite. Zu viel Vernunft, zu wenig Gefühl, zu viel Struktur, zu wenig Raum, um geschehen zu lassen, zu viel Erfolgsstreben, sowohl in Männern, als auch in Frauen, in Regierungen, in Schulen, in Kirchen und anderen Institutionen.

Wenn es in anderen Zeiten mal andersherum war, brachte auch jenes Ungleichgewicht die gleiche Destruktivität. Zu viel Gefühl und zu wenig Vernunft, zu viel Schwäche, oder zu viel Aushalten und nicht Handeln ist auch nicht gut. Im Matriarchat gab es auch keine Ausgewogenheit – beide Seiten sind nun ausgelebt und deswegen geht es heute um das gegenseitige Achten der Qualitäten und die Wiederherstellung des Gleichgewichts in allen Lebensbereichen. Dafür gibt es kaum Vorbilder, wir müssen aus der eigenen Intuition das Neue erkennen und uns dafür entscheiden.

Die Pole sind außen in der Welt als Frau und Mann gut sichtbar, aber die Balance braucht es im Inneren, zwischen dem inneren Weiblichen und dem inneren Männlichen.

Bei dieser Thematik ist es jetzt ganz wichtig, dass nicht Männer etwas 'falsch machen', sondern dass wir, ohne zu werten, zunächst einmal in uns erkennen, wo hier das Weibliche und das Männliche aus der Balance geraten sind und es dann ändern.

Durch die patriarchale, zu einseitige Sichtweise ist dieses Gleichgewicht aus der Balance geraten. In der patriarchalen Zeit haben wir, Männer wie Frauen, von uns verlangt, immer nach außen stark zu wirken, möglichst keine Gefühle zu zeigen, keine Tränen, keine Schwäche, kein Nachgeben und kein Versagen.

Nur Stark-Sein wurde als männlich und erstrebenswert gesehen. Damit haben wir aber gegen den Fluss der natürlichen Ordnung selbst agiert, was Unehrlichkeit und Masken mit sich gebracht hat, weil keiner immer nur stark und erfolgreich sein kann.

Das Leben geschieht in Wellen und ist nicht starr. Es gibt da eine Art Rhythmus und der entspricht einer universellen Ordnung. Ein Auf und ein Ab – und Schwächen und Niederlagen sind Teil dieser universellen Ordnung.

Wenn wir nur eine Seite der Medaille wollen, werden wir in Kontrolle und Manipulation enden und arge Anstrengungen unternehmen müssen, um uns gegen den natürlichen Rhythmus zu stemmen – und es geht auch gar nicht auf Dauer.

Im Äußeren ist es an dem Beispiel gut zu sehen, Flüsse zu begradigen, das Wasser zu bezwingen.

Wie unsinnig ist es, in die ursprüngliche Ordnung einzugreifen, was Katastrophen für alle hervorruft.

Wir sehen in der Natur immer die ursprüngliche Ordnung. Ein Fluss, der ins Meer fließt, geht mit dem Weg, der sich bietet. Mal ist da hartes Gestein, dann geht es langsamer und es gibt eine andere Richtung und eine Kurve, mal geht es schneller und es geht im Sturzbach nach unten, das verläuft nie geradlinig.

Die Natur lehrt uns immer, denn sie ist im Gegensatz zum Menschen nie aus dieser Ordnung heraus gefallen. In Anlehnung an dieses Bild des Flusses können wir mit dem Leben fließen, sehen, was gerade für uns dran ist, und uns dem hingeben.

Nehmen Sie den Energie-Fluss wahr, läuft es leicht, ist das Leben stimmig mit dem, was Sie vorhaben – dann folgen Sie dem.

Geht gerade alles schief, zeigt das eventuell, dass Sie sich vielleicht etwas starr in den Kopf gesetzt haben, wie man so schön sagt, und Sie lassen es besser los.

Das Leben spricht auf diese Weise mit Ihnen, und wenn Sie das wahrnehmen und da mitgehen, können Sie daraus lernen, was für Sie die natürliche Ordnung ist.

Intuition ist so wichtig und wurde doch bisher nicht akzeptiert, wenn es keine Erklärung gab. Das vor allem ist sehr ungesund, denn genau das macht die Intuition aus, es gibt erst einmal keine Erklärung für ein inneres Empfinden, man vertraut ihm trotzdem, handelt danach und sieht, dass es richtig war.

Bisher haben wir im Kopf entstandene Pläne verfolgt, starre Ziele gesetzt. Diese wollten wir geradlinig mit dem höchstmöglichen Erfolg umsetzen.

Das wurde mit verschiedenen Techniken, die man lernen konnte, noch verstärkt, dadurch gingen wir vorbei an der Erfüllung, den Moment zu erleben.

Es gibt den schönen Spruch „Der Weg ist das Ziel", was bedeutet, gehen Sie mit dem, was sich zeigt und genießen Sie es. Das ist mal ein langsameres Tempo, mal eine schnellere Herausforderung, mal gilt es eine hilfreiche, vielleicht sogar lebenswichtige Lektion in einem Misserfolg zu erkennen.

Ohne dagegen zu sein, wird das Leben ein Fließen mit allem, ein Miteinander. Bisher lebten wir eher ein Ich-bezogenes, stures, von der Natur abgeschnittenes Leben gegeneinander.

So wie wir Tag und Nacht haben, hell und dunkel, was keine Wertung hat und auch akzeptiert wird, weil es eben so ist, so sind diese anderen Gegensatzpaare auch neutral und nur in der Achtung der Gleichwertigkeit konstruktiv und mächtig.

Das wurde bisher verkannt, Struktur wurde als gut erachtet, Chaos als schlecht. Stärke sollte immer sein, Schwäche nie, und deswegen war die alte Macht eine manipulierende Macht. Sie wollte unbedingt eine Seite bevorzugen und die andere ausblenden, aber das ist nicht das, was der ursprünglichen natürlichen Ordnung entspricht.

Das kann nicht gutgehen, denn wenn wir nur eine Seite wollen, werden wir in Kontrolle und Manipulation enden. Dieses Kontrollieren zieht sich durch alle Lebensbereiche, weil wir Schwäche, Niederlagen und Fehler voreinander vertuschen wollen. Das ist regelrecht unnatürlich und unmenschlich.

Auf den nächsten Seiten gebe ich Ihnen einige Beispiele für Gegensatzpaare, mit denen wir im täglichen Leben in Balance umzugehen lernen müssen. Unsere innere Stimme hilft uns, zu erkennen, welcher Ausgleich geschaffen werden muss.

Loslassen — Festhalten/Bewahren

Manchmal ist es notwendig, eine Situation loszulassen, weil Sie sonst krank werden. Manchmal wiederum ist es wichtig, eine Situation auszuhalten und nicht davonzurennen, weil die Seele gerade etwas Wichtiges lernt. So ist es wichtig, mit der inneren Stimme verbunden zu sein, um zu wissen, was gerade dran ist. Das Leben gibt Ihnen ständig Zeichen, und wenn Sie wach hinspüren, wissen Sie, was gerade dran ist.

Es gibt keine feste Regel, und deswegen brauchen wir eine wache Intuition, um zu entscheiden, was gerade richtig ist. Es gibt nur den Moment, der uns zeigt, was stimmig ist.

So ist es manchmal eine Stärke, etwas auszuhalten und sich zu stellen und der Erfahrung nicht auszuweichen, und manchmal eine Stärke, eine Situation loszulassen. Manchmal ist es ungut, eine Situation auszuhalten und manchmal ungut, zu schnell loszulassen.

Krankheiten entstehen vor allem, weil diese Mitte nicht gewahrt wurde.Wenn wir wirklich das Reifen der Seele, das innere Wachstum in den Vordergrund des Lebens stellen, dann werden wir wissen, was richtig ist.

Das ist vor allem auch in Partnerschaften gut zu lernen. Heutzutage wird viel zu schnell aufgegeben, anstatt an den Herausforderungen zu wachsen. Und vor nicht allzu langer Zeit wurde viel zu viel ausgehalten, was auch nicht gut tat. Hier beginnen wir jetzt schon in Richtung einer Balance zu gehen, zumindest in Europa.

Gefühl — Vernunft

Ein vom Herzen abgekoppelter Verstand ist die Hauptkrankheit unserer Gesellschaft. Vernunft entsteht meistens im Kopf und wird unter Umständen kalt, berechnend und verletzend, wenn das Gefühl und die Herzensimpulse nicht mit einfließen dürfen.

Gleichzeitig ist es wichtig, dass die Vernunft manchmal zu viel Gefühl ausbalanciert. Es ist gut und wichtig, zu fühlen, auch tief und intensiv, und es ist vernünftig, damit auch wieder zum rechten Zeitpunkt aufzuhören und klar und vernünftig zu denken.

Versagen — Gelingen

Manchmal kann es richtig sein, dem Impuls zu folgen, etwas zu tun, was im Außen scheinbar nicht gelingt, aber das heißt nur, dass wir die Erfahrung des Versagens erfahren, das ist einfach eine offensichtlich wichtige Erfahrung ohne Wertung. Punkt.

Lassen Sie diese Sichtweise, die in einer Leistungsgesellschaft keinen Raum hat, die die Seele aber braucht, um zu reifen, durchaus auch mal zu. Eventuell war die Erfahrung not-wendig und gut, da die Seele damit Demut gelernt hat, oder der wahre Wert der Erfahrung wird erst zu einem späteren Zeitpunkt klar.

Wir sollten in größeren Bögen denken und dem großen Plan der Seele immer mehr vertrauen. Alles ist in der ursprünglichen Ordnung Teil eines sinnvollen Plans, auch wenn wir es nicht gleich erkennen. Nach der patriarchalen Sicht galt Versagen als uncool und peinlich, dabei ist es einfach nur eine Seite der Medaille, die zum Leben dazu gehört – zum Reifen eines ***jeden*** Menschen. Dass uns etwas gelingt, will jeder, und wir bekommen Anerkennung und Lob dafür – vielleicht ist es genauso lobenswert, sich bewusst und aufrichtig der Erfahrung des Versagens zu stellen.

Nachgeben — Sich-Durchsetzen

Wir brauchen Durchsetzungskraft und Entschiedenheit, um agieren zu können und die Dinge ins Leben zu bringen, die uns wichtig sind. Ist aber einem Menschen kein Nachgeben, keine Weichheit möglich, wird er hart und verletzend.

Wird etwas starr, kann es brechen, wie ein Ast im Sturm. Die Natur zeigt uns immer, wie es richtig ist, denn sie ist immer angeschlossen an die ursprüngliche göttliche Ordnung. Sie ist eine unverfälschte Lehrmeisterin. Wer nur nachgibt und nicht auch mal sein Eigenes durchsetzt, gibt sich selbst auf und ist dann überhaupt nicht mehr handlungsfähig.

Flexibilität — Struktur

Der menschliche Körper ist auf der physischen Ebene das beste Beispiel für die geniale Kombination aus Struktur, dem Skelettsystem, und Flexibilität, den Sehnen und Muskeln. Es braucht beides, um optimal zu funktionieren.

Struktur ist zum Beispiel gut, wenn ich einen Vortrag halte, gehe ich aber dabei nicht flexibel auf die momentanen Impulse oder das Feedback der Zuhörer ein, wird der Vortrag starr und festgefahren, und es kann nichts Neues, Lebendiges entstehen.

Zögern — Handeln

Zögern:

Es ist sehr wichtig, nicht die erstbeste Gelegenheit, die sich für einen Wunsch oder eine Idee bietet, zu nutzen, und sich dann auch noch daran festzuklammern, was oft genug passiert. Prüfen Sie die Gelegenheit mit dem inneren Gefühl, der inneren Stimme aus dem Herzen, ob alles wirklich passt und stimmig ist.

Entscheiden Sie sich für etwas, dann ist der nächste Schritt die Handlung. Dann warten Sie wieder ab und sehen, welche Reaktionen das Leben auf diese Handlung gibt, wie sich Ihre Handlung auswirkt und so zeigt, ob es für Sie stimmig ist. Auf diese Weise wird das Leben weicher und flexibler.

Wenn Sie immer wieder mal mit Ruhe etwas bisher Stimmiges überprüfen und auch bereit sind, loszulassen, kann das Leben immer harmonischer werden. Manchmal kommt etwas erst zu einem späteren Zeitpunkt und Sie müssen geduldig abwarten, bis das Stimmige kommt, und es kommt, wenn Sie wirklich vertrauen und nicht nach der erstbesten Gelegenheit greifen.

Handeln:
Im Gegensatz dazu ist es manchmal sehr wichtig, nicht zu zögern, sondern unmittelbar zu handeln, weil sonst eine Gelegenheit verpasst ist, oder es gar gefährlich wäre, nicht zu handeln. Mit zu viel Zögern kann der Mensch krank werden und kommt zu nichts und derjenige, der nur handelt, oder zu schnell handelt, ohne abzuwägen oder einen rechten Zeitpunkt zu erspüren, fällt auch auf die Nase.

Das ist die Gratwanderung, um die es geht, und die guten Entscheidungen sind nur möglich mit einem lebendigen, offenen Herzen und einer wachen Intuition. Und je schneller im Moment alles in Bewegung ist und sich verändert, desto wacher müssen wir sein.

Das ist das Abenteuer der Zeit, das Freude macht, wenn eine geschulte Intuition und ein offenes Herz, die Werkzeuge, die wir alle haben und wieder erwecken dürfen, eingesetzt werden.

Dieses Herz braucht wieder Mut, um sich nicht mehr vor dem Leid zu verschließen, sondern es wieder zu wagen, zu fühlen und zu transformieren.

Demut — Selbstachtung

Eine der wichtigsten Lehren ist die der Demut. Wenn wir nicht demütig sein können und uns etwas Größerem unterordnen, können wir nicht wissen, was die Wahrheit ist und sind nicht in der Lage, aus den Feinheiten der Lektionen des Lebens zu lernen.

Wenn zum Beispiel die Selbstüberschätzung im Extrem regiert, oft vertreten bei den Männern, aber auch, wenn die gefühlte Minderwertigkeit nicht bewusst wahrgenommen wird, oft vertreten bei den Frauen, auch bei den sogenannten modernen Frauen, dann macht diese Unausgewogenheit vor allem in Partnerschaften große Schwierigkeiten.

Denn meistens ist die Selbstherrlichkeit der Männer ein Erbe, das sie von ihren Vorvätern noch in den Zellen tragen. Im Gegensatz dazu gibt es die scheinbare Minderwertigkeit, die immer noch in vielen Frauen gespeichert ist. Sie ist das Erbe, das sie von ihren Ahninnen und Urahninnen noch tragen. Das ist auch nicht zu beurteilen, sondern einfach gegenseitig zu beachten.

So gesehen darf die Frau dem Mann helfen, aus der Ich-Bezogenheit und Selbstherrlichkeit herauszukommen und der Mann umgekehrt der Frau helfen, die empfundene Minderwertigkeit zu fühlen, sich aber nicht darin zu verlieren.

Beide dürfen sich nicht damit identifizieren, nicht das Muster persönlich nehmen, sondern stattdessen wissen, dass es ein Auftrag der gegenwärtigen Zeit ist, das Gefühl aufzudecken und zu verwandeln.

Auch wenn wir uns als moderne Männer und Frauen empfinden, so war es in der letzten Generation doch noch ziemlich anders, und in der Tiefe sind wir davon noch geprägt. Erst wenn wir uns davon lösen, werden wir die wirklich gleichwertige Ebene leben können – ohne geheime Verträge, Kontrolle, Abhängigkeiten und Manipulationen.

Denn so wie die Energien in der rechten Verteilung und Ergänzung Schöpfung sind, so sind sie im Ungleichgewicht auf Dauer Zerstörung.

Selbstachtung, gepaart mit einem gesunden Maß an Demut, ist hingegen eine heilsame, konstruktive, dringend benötigte und gewinnbringende Energie. Und die Gratwanderung, in jedem Moment zu entscheiden, welche Qualität dran ist, gleicht dem Tanz auf einem Seil.

Demut haben wir ja völlig außen vor gelassen, sie wurde weder geachtet noch gewünscht – oder, wenn überhaupt vorhanden, dann missbraucht. Demut ist aber ein ganz wichtiger Wert, den wir in diesem Prozess der Transformation wieder hineinnehmen müssen.

Denn jeder braucht Selbstachtung, um weiterzukommen, um die Motivation zu haben, an sich zu arbeiten und zu schleifen. Ohne Demut geraten wir schnell wieder in die bekannte krankhafte Ich-Bezogenheit oder Selbstherrlichkeit, die letztlich in Egoismus mündet und zu Trennung und Verletzungen führt.

Auch wenn wir jetzt die Mitte anstreben, ist es doch im Moment besonders für Frauen wichtig, den ureigenen weiblichen Weg für sich selbst wiederzuentdecken. Die letzten Jahrtausende waren vorwiegend männlich geprägt, und es gibt heute immer noch wenig Orientierung für wahre Weiblichkeit. In unserem Kern ist allerdings alles Wissen dazu noch vorhanden, und das Ur-Wissen der weisen Frauen aus der alten Zeit erwacht gerade wieder in den Frauen, die sich treu bleiben.

Viele Weltreligionen sind männlich dominiert, daher gilt es jetzt dringend, das Weibliche auf allen Ebenen, im Privatleben, im Berufsleben, im Spirituellen, zum Wohle allen Lebens auf der Erde wiederzuerwecken.

Es ist wie bei Dornröschens hundertjährigem Schlaf: in uns allen hat das weibliche Bewusstsein geschlafen und erwacht jetzt wieder.

Schlüssel 4:

Die Mitte halten zwischen Oben und Unten

Die Mitte halten zwischen Oben und Unten, man könnte auch sagen, zwischen Himmel und Erde – aber was bedeutet das konkret?

Die Mitte halten in einem gleichwertigen Zusammenspiel zwischen dem irdischen Dasein und dem höheren Selbst. Das irdische Dasein, oder physische Selbst, das hier auf der Erde seine Herausforderung zu meistern hat, braucht die Verbindung zu dem Gegenpol des höheren Selbst. Denn jetzt ist die Zeit, den Himmel auf die Erde zu bringen, indem wir unsere Visionen, Potentiale und Ideale, die aus dem höheren Selbst kommen, konkret im Leben umsetzen.

Das physische Selbst ist der Anteil, der sich identifiziert über Name, Beruf, Herkunft, etc.

Die Persönlichkeit ist aber nur das Instrument, durch das die reine, göttliche Energie sich individuell auf der Erde ausdrücken möchte. Diese Energie ist ewig und lebendig, während der Körper oder die Identität vergänglich sind. Manche Menschen nehmen nur ihre Persönlichkeit wahr, andere glauben, sie seien ihr höheres Selbst, und die Bedürfnisse des kleinen Ichs seien unwichtig.

Es geht auch hier um ein gleichwertiges, harmonisches Zusammenspiel. Wir haben sowohl Verantwortung für unseren Körper und unsere Bedürfnisse, als auch das Recht, an unseren Träumen und Visionen zu feilen.

In unserem höheren Selbst ist das gesamte Seelenpotential gespeichert, alles Wissen und alle Fähigkeiten sind dort voll entfaltet und werden, je mehr wir uns darauf ausrichten und je mehr wir davon konkret umsetzen, in unser Leben Stück für Stück integriert.

Eine einseitige Identifikation mit unserem irdischen, bzw. physischen Selbst verstärkt unser Ego. Dabei ist das Ego wie ein verletztes Kind, das Schmerz erfahren hat und deswegen Kontrolle und Macht ausüben möchte, um nicht wieder verletzt zu werden. Es braucht mitfühlende Zuwendung, nicht Ablehnung.

Heutzutage können wir mehr denn je erkennen, wo wir aus diesem verletzten Anteil heraus agieren und damit Unharmonisches erschaffen. Aller Zorn, Hass, Neid, Angst und Missgunst sind entstanden aus dieser Identifikation und wollen geheilt werden. Denn nicht nur in der Politik 'da draußen' kommt alles auf den Tisch, was unter den Teppich gekehrt wurde, auch in uns selbst sehen wir nun unsere Abgründe, unsere verdrängten Verletzungen und Schatten. Wir haben die Aufgabe, dafür Verantwortung zu übernehmen und uns liebevoll um unsere Schmerzen und Bedürfnisse zu kümmern.

Jetzt geht es um die Bereitschaft, dass wir uns unseren Ängsten, Schmerzen, Zorn und Hass stellen. In jedem von uns sind noch Anteile von Aggression, Angst, Rache – sowohl bewusst, als auch unbewusst – die wir durch angewandte Selbstliebe und Mitgefühl mit dem inneren verletzten Anteil wieder in reine Liebe verwandeln können. Das ist der irdische Anteil, der in dieses Leben ganz bestimmte alte Erfahrungen und Aufgaben mitgebracht hat, die zu harmonisieren sind.

Talente sind zu entdecken und Knoten zu lösen. Und der Gradmesser, wie weit wir bereits unsere Hausaufgaben gemacht haben, ist der konkrete Blick in unser Leben und unser Umfeld. Haben Sie die Beziehung, die Sie optimal fördert und beglückt? Haben

Sie die Arbeit, die Sie optimal erfüllt? Sind Sie mit Ihren engsten Freunden und Kindern in Harmonie? Sind Sie zufrieden mit dem Stand Ihres Bankkontos, oder Ihrer Gesundheit?

Wenn Sie alles mit Ja beantworten können, haben Sie wahrscheinlich Ihr irdisches und höheres Selbst gut in Einklang gebracht und Ihre seelischen Aufgaben bereits gelöst. Denn die Erde ist der Ort, der konkret zeigt, inwieweit wir wirklich in der Lage sind, unsere spirituellen Fähigkeiten und Ideen integer einzubringen in die Menschengemeinschaft und umzusetzen.

Sind wir in manchen Bereichen nicht in der Lage, Harmonie oder ein gesundes Miteinander herzustellen, dann haben wir noch innere Arbeit zu leisten. Diese innere Arbeit ist die selbstverantwortliche Aufgabe, die wir hier als physisches Selbst haben. Dadurch schenkt sie uns Entwicklungsmöglichkeiten und führt uns in die goldene Zukunft. Nur Sie selbst können sich ins Paradies tragen.

Dabei hilft es, dass wir uns zwar um die irdische Persönlichkeit kümmern, aber uns nicht mit den Begrenzungen identifizieren.

Sind Sie bereit, an sich zu arbeiten, anstatt sich über die Welt aufzuregen, dann gebe ich Ihnen hier eine Anleitung, wie es gehen kann.

Unsere Kindheitsprägungen haben zum Beispiel ein Gefühl von Ohnmacht, Ausgeliefert-Sein oder Verlustangst in uns entstehen lassen. Das wird sich im äußeren Leben so lange mit anderen Personen wiederholen, bis wir das ursprüngliche Gefühl innen wiedergefunden und gefühlt haben. Durch dieses Fühlen kann es sich verwandeln und muss nicht mehr wiederholt werden. Werden diese Gefühle abgelehnt und vermieden, was im unbewussten Zustand automatisch geschieht, kann sich nichts verändern. Da helfen auch keine Orakelkarten oder Wahrsager, es ist und bleibt Arbeit. Und das Erwachsenwerden besteht darin, dass der Erwachsene diesen Inneren-Kind-Anteil sieht, annimmt und sich tröstend um ihn kümmert.

Das heißt, ein Referent, oder eine Referentin, die vor einem Vortrag Angst oder gar Panik hat, nimmt das wahr und sieht, dass ein inneres Kind in ihm, in ihr Angst hat. Dieses Gefühl kann zum Beispiel aus der Schulzeit kommen durch eine Erinnerung an eine schlechte Bewertung oder Strafe.

Das Kind von damals war von Bewertungen abhängig und fühlte sich in seiner Existenz bedroht. Durch die Idee, einen Vortrag zu halten, kommt im Inneren etwas in Bewegung und durch die Resonanz kommt das Gefühl aus dem Unbewussten hoch.

Wenn die Referenten das nutzen, um die alte Erfahrung zu erinnern und das Kind in der damaligen Situation zu trösten, wird sich die Angst auflösen und der Vortrag authentisch und ohne Zwang werden. Darf dieses Gefühl aber immer noch nicht sein, wird die Angst unter Umständen noch größer, oder etwas in der Persönlichkeit wird immer unstimmiger, weil etwas Menschliches nicht sein darf.

Sie sehen schon, lieber Leser, liebe Leserin, dass sogar ein erwachsener, beruflich erfolgreicher Mensch mit Ängsten und unerlösten Gefühlen konfrontiert ist, und das geht jedem so, das bedeutet Mensch-Sein.

Innere Ängste und Schwächen hat ***jeder*** Mensch und die liebevolle Wendung nach innen, in der Sie wahrnehmend und anerkennend mit sich selbst umgehen, lässt die Selbstliebe und Liebesfähigkeit in Ihnen wachsen. Wenn wir immer mehr in diese Verantwortung gehen und diese Herangehensweise in Zukunft in der Grundschule gelehrt wird, weil es das tägliche Handwerkszeug für ein Gelingen des Lebens ist, dann wird die Welt friedlicher und liebevoller – und es ist durchaus machbar, das ab JETZT umzusetzen.

Ich gebe Ihnen hier eine kurze Anleitung zur Arbeit mit dem inneren Kind, die Sie anwenden können in einem Moment der inneren Not.

1 Nehmen Sie sich einen Moment Zeit, mindestens 20 Minuten, und setzen sich ruhig hin, legen Ihre Aufmerksamkeit in Ihr Herz und fragen sich: „Um welches Gefühl geht es gerade in der Konfliktsituation, oder schmerzhaften Situation, in der ich bin?"

2 Stellen Sie sich selbst diese Frage und warten Sie, welche Antwort aus dem Herzen kommt.

3 Nehmen Sie das Gefühl an, fühlen Sie es, oder drücken Sie es aus über Tränen, Trommeln, Schreien, Aufschreiben, oder was auch immer. Indem Sie dem Gefühl Raum geben und es annehmen, ist die Grundvoraussetzung geschaffen, dass es sich verwandeln kann.

4 Dann fragen Sie sich: „In welchem Alter ist es entstanden? Wie alt war ich, als ich dieses Gefühl so stark hatte und welche Geschichte gehört dazu?" Geben Sie der Geschichte kurz Raum und fühlen Sie sie, gehen Sie dann als Erwachsener von heute in die Situation von damals, die sich jetzt zeigen möchte, und trösten diesen inneren Anteil, der damals tatsächlich abhängig, allein und ausgeliefert war und bis heute auf Verständnis, Mitgefühl und Erlösung wartet.

5 Hat dieser Innere-Kind-Anteil einmal das wirklich fühlen dürfen und Zuwendung erhalten, muss die Situation

nicht ständig wiederholt werden. Sie wurde nur immer wiederholt, da die Seele damit die Chance geben will, das zu heilen – was durch Annehmen, Fühlen und Trösten geschieht. Eine Situation braucht mehrmals das Fühlen, eine andere beruhigt sich mit einem Mal, und etwas kommt innerlich zur Ruhe oder zur Heilung.

6 Jetzt geben Sie ein inneres Lösungsbild in diese Situation: „Was hätte mir damals gut getan, wie hätte ich es gerne gehabt?" Fühlen Sie auch deutlich das damit verbundene Gefühl. Damit geben Sie in den inneren Computer eine neue Speicherung hinein, die ab jetzt als Möglichkeit abrufbar ist. Wo vorher immer nur eine sich wiederholende Sackgasse war, gibt es ab jetzt eine Wahlmöglichkeit. Möchte ich es so oder so in Zukunft erleben? Auf welchen Fokus lege ich meine Aufmerksamkeit? Das schafft eine neue Freiheit und neue Möglichkeiten. Ab jetzt kann etwas Neues im Resonanzfeld entstehen, weil im inneren Computer eine neue Erfahrung und Schwingung abgespeichert wurde.

7 Als letzten Schritt steigen Sie aus dem Drama aus, indem Sie gleichzeitig denken, dass das alles auch anders sein könnte, dass eigentlich alles immer nur gut gemeint war. Dann lassen Sie Raum für das, was wirklich ist und sein will. Und das ist immer die LIEBE und die kann fließen, wenn wir sie durch unsere Prägungen und Gedanken nicht blockieren.

Das Ganze wirkt sich aus wie eine Neuprogrammierung.

Auf meiner Webseite gibt es einen gesprochenen Text dazu als Download, der Ihnen hilft, in Kontakt mit dem *inneren Kind* zu kommen. www.zeitenwende-schule.de

Sie kennen wahrscheinlich die Geschichte mit der Vorstellung: stellen Sie sich vor, Sie beißen in eine Zitrone und schon entwickelt sich tatsächlich ein Speichelfluss. Das heißt, die sogenannte Realität reagiert auf eine Vorstellung, ein inneres Bild, und so ist es bei der Neuprogrammierung eines alten Traumas auch.

Nehmen Sie das neue, dazugehörige Gefühl in alle Zellen auf und geben Sie somit den Zellen die Information, wie sich Wertschätzung, Geborgenheit und Vertrauen, etc. anfühlt. Ab der Vorstellung, der Eingabe dieses neuen Bildes, ist bereits eine neue Erinnerung vorhanden.

Wollen Sie sich intensiver mit der Inneren-Kind-Arbeit beschäftigen, was ich nur empfehlen kann, dann gibt es auch hierzu Spezialisten, die dieses Thema ausführlicher beschreiben.

(Erika J. Chopich, Margaret Paul. Die Aussöhnung mit dem inneren Kind)

Jetzt, liebe Leserin, lieber Leser, schnallen Sie sich an! Es wird kompliziert und das Folgende hat uns nie jemand beigebracht, es wirkt aber immerzu.

Warum trifft eine Frau, die einen Mann verlassen hat, der sie geschlagen hat, zielstrebig einen neuen Mann, der sie wieder schlägt? Das liegt nicht an einem gemeinen Leben, sondern daran, dass uns niemand beigebracht hat, wie dieser Mechanismus funktioniert.

Es ist wie bei einem Schnitt, den Sie sich zugefügt haben. Sie schneiden sich, es blutet und unmittelbar kommen alle Selbstheilungskräfte in Gang, um die Wunde wieder zu schließen.

So ist das mit den inneren, psychischen und unsichtbaren Dingen eigentlich auch, nur wenn wir eine innere Verletzung haben, braucht diese Verletzung bewusste Zuwendung, um die Selbstheilungskräfte in Gang zu bringen.

Wenn diese Frau, die von ihrem Mann geschlagen wurde, sich des Schmerzes und der Folgen der Schläge nicht bewusst ist, weil sie diese verdrängt hat, können sie nicht heilen. Deswegen will die Seele so lange die Erfahrung wiederholen, bis durch bewusstes Fühlen und Erleben Transformation und Heilung geschehen und die ursprüngliche Ordnung wiederhergestellt ist.

Auf der körperlichen Ebene geht das automatisch, aber bei innerlichen Schmerzen braucht es die innerliche Zustimmung, Aufmerksamkeit und Bewusstheit, um Heilung geschehen zu lassen. Deswegen beginnt jede Veränderung mit der Annahme der Situation.

Gleichzeitig gibt es zu einem früheren Zeitpunkt angelegte Mechanismen, die überwunden werden müssen, damit wir all die Verdrängungen und Widerstände erkennen, die automatisch da sind.

Dieser Mechanismus bedeutet, dass zu unserem Schutz in unserem Gehirn ein Reflex angelegt ist, der uns hilft, Schmerzen nicht zu wiederholen, wie zum Beispiel nicht ein zweites Mal auf die heiße Herdplatte zu fassen. Kurz vorher zieht sich die Hand, die nur in die Nähe der Herdplatte kommt, automatisch zurück, ohne dass wir das überhaupt bemerken, oder Einfluss nehmen konnten.

Dieser Reflex kommt aus dem AIZ-Bereich im Gehirn (assoziativ integratives Zentrum). In diesem Zentrum sausen permanent Impulse in den Gehirnbereich der abgespeicherten Erfahrungen. Sobald ein Ereignis stattfindet, wozu es eine schmerzhafte Erinnerung gibt, wird ein automatisches Programm abgespult, um den Schmerz, wie den Griff auf die heiße Herdplatte, zu vermeiden.

Dieser automatische Reflex führt zu einer von drei Reaktionsmöglichkeiten: Kampf, Flucht oder Totstellen. Diese kommen aus dem sogenannten Reptiliengehirn. Daher begegnen wir uns, solange wir in Unbewusstheit leben, alle so, wie auf dem Entwicklungsstand der Dinosaurier.

Wenn Sie Schmerzen durch Verletzungen der Gefühle haben, wird es diese reflexartigen Impulse geben, die alles tun, um den alten Schmerz nicht wieder fühlen zu müssen. Das sind unsere Widerstände, doch durch Verdrängen oder Totstellen kann sich nichts ändern. Nur durch Bewusstmachen des ursprünglichen Schmerzes kann eine reflektierte, erwachsene und freie Handlung entstehen.

Wird zum Beispiel die Frau aus der Geschichte von vorher, in dem Moment, in dem sie wieder geschlagen wird, ihre ursprüngliche Verletzung erkennen und alle Gefühle zulassen, die damit zu tun haben, wird sie die Situation verlassen können und muss sie nicht wiederholen.

So kann wirkliche Veränderung geschehen. Je nach Tiefe der ursprünglichen Verletzung kann der Prozess kürzer oder länger dauern.

Verdrängung, Angriff, Flucht oder Totstellen durch Betäubung von Gefühlen sind Geschehnisse, die zwischenmenschlich und in uns selbst mehrere Male am Tag unbewusst ablaufen.

Durch die vielen manchmal unverständlichen Reaktionen unserer lieben Mitmenschen bekommen wir Hinweise, dass in uns gerade etwas Schmerz vermeidet. Wie immer ist unser Umfeld ein Spiegel, der uns helfen möchte, die vielen Unbewusstheiten zu erkennen.

Stellen Sie sich vor, Sie stoßen immer wieder auf aggressive Mitmenschen. Dieser Spiegel kann Ihnen zeigen, dass Sie selbst eine ***unbewusste*** Aggressivität haben, die Sie sich nicht eingestehen oder sich nicht erlauben auszudrücken, oder dass Sie eine alte

Erfahrung mit Aggressivität hatten, die sie noch nicht verarbeitet haben und heilen wollen.

Mit diesem Wissen können wir uns nochmals neu bereiterklären, uns allem, mit dem das Leben uns konfrontiert, mit frischem Mut zu stellen.

Denn auf diese Weise gibt es Aussicht auf Erlösung.

Sagen Sie sich: „Ja, ich bin bereit, den Schmerz bewusst zu erkennen, zu fühlen und dadurch zu heilen." Das ist die bewusste Entscheidung, die uns befähigt, aus dem sich wiederholenden Automatismus herauszukommen.

Da das alles sehr komplex ist, ist es durchaus sinnvoll, sich immer mal wieder Hilfe zu holen, weil wir die eigenen blinden Flecken oft selbst nicht sehen können (aber bei unseren Mitmenschen dafür umso besser ☺). Es gibt bereits viele Methoden in diesem Bereich, wie zum Beispiel die Kinesiologie. Durch sie gibt es Möglichkeiten, die automatische Abwehr des Schmerzes zu überwinden, indem Sie über Farben oder Formen oder komplexere Atemübungen das für diese verantwortliche Zentrum im Gehirn umgehen können.

Auch Methoden wie Focusing, Meditation oder Vipassana helfen, in den Emotionen inne zu halten, Gleichmut zu üben, zu atmen und mit Liebe und Mitgefühl neu zu schauen und nicht in die alten Reaktionen zu verfallen. Je mehr bewusste Entscheidungen wir also treffen, wieder neu zu vertrauen, umso mehr können wir wahrlich leben.

Bisher hat die unbewusste automatische Reaktion verhindert, dass wir konstruktiv handeln konnten. Mit dieser Information und der bewussten Entscheidung können wir jetzt aus den alten Wiederholungen aussteigen.

Auch um Hilfe und Unterstützung zu bitten, gehört selbstverständlich zu einem erwachsenen Verhalten dazu.

Wenn wir uns also gleichzeitig erinnern, dass es das Leben immer gut mit uns meint, dann werden wir alles, was uns begegnet, nutzen können, um über alte Begrenzungen hinauszuwachsen. Wenn Sie das wirklich umsetzen, lieber Leser, liebe Leserin, dann können Sie ab jetzt ein wahrlich selbstbestimmtes Leben führen.

Wir haben sehr wohl ein inneres Wissen zu Ordnung, und Ordnung ist Heilung und alles, was aus dieser Ordnung fällt, will da wieder hinein.

Die Ordnung am Himmel ist so, dass jeder Stern seinen rechten Platz hat, hier auf der Erde ist die Familie, in die wir hineingeboren wurden, der rechte Platz, der für uns gedacht war.

Das heißt nicht, dass wir mit der Familie leben müssen und dass wir alles gut finden müssen, aber dass wir das Schicksal Aller achten und unseren eigenen Ausgangspunkt und den Weg der anderen anerkennen und wertschätzen. So entsteht Frieden in der Seele.

Der Inkarnationsschlüssel will gefunden werden. Er ist das, was an Herausforderungen mit den Eltern und den Ahnen mitgegeben wurde. Diese möchten erkannt und aufgelöst werden.

Aus einem aufgeräumten Feld dieser Ursprungsfamilie kommt die Kraft, und der Segen für das Leben.

Hier helfen systemische Aufstellungen enorm weiter, wenn sie gut geleitet sind.

Jetzt haben wir einiges an Aufgaben gehört, die das irdische Selbst hier zu bewältigen hat, und das höhere Selbst und der Seelenplan dazu sind wie ein hilfreicher roter Faden.

Wenn das physische Selbst nicht mit dem höheren Selbst verbunden ist, fühlt es sich getrennt, klein, ohnmächtig und verlassen.

Wenn das höhere Selbst nicht mit dem physischen Selbst verbunden ist, kann es eine überhebliche, unrealistische und unbarmherzige Abgehobenheit an den Tag legen, womit ebenso weiterer Unfrieden kreiert wird, anstatt sich aus Verwicklungen zu befreien.

Sind aber beide wach miteinander verbunden, ist jegliche Situation im Leben ein Hinweis auf das eigene Selbstbild: „Wo stehe ich gerade tatsächlich?" Ich sehe dann klar, was auf meinem Weg in die Rückanbindung noch konkret zu tun ist.

In der Rückanbindung fühlen wir uns mit allem in Liebe verbunden. Sobald noch Anklage oder Beschuldigung da sind gegenüber der Welt, herrscht noch innere Unordnung.

Wenn unsere Mitte ein mitfühlendes Herz für uns selbst geworden ist, das sich um uns kümmern kann, dann entstehen Freiheit und Unabhängigkeit.

Die Kunst der Verbindung zwischen Oben und Unten liegt in der Fähigkeit, höhere Eingebungen und Weisheit zu empfangen und mit konkreten Gefühlen im Hier und Jetzt zu verbinden. Erst wenn gleichzeitig unsere Fähigkeiten und die Weisheit aus den höheren Ebenen mit dem irdischen, fühlenden Anteil integriert sind, dann wird daraus eine präsente, mitfühlende, an das Göttliche angebundene Persönlichkeit.

Die Aufgabe besteht also darin, sich nicht mit dem kleinen Ich (Ego) zu identifizieren, sondern aus einer neutralen beobachtenden Position für das Ich die Verantwortung zu übernehmen, und nicht darin, aus Angst vor Schmerz in das höhere Selbst zu flüchten und damit aus der Handlungsfähigkeit zu fallen.

Die Informationen, oder das Wissen, das uns durch unser höheres Selbst zufließt, werden hier auf der Erde durch das wirkliche Leben überprüft auf Integrität. Alles wird erst integer, wenn der Seelenplan harmonisch lebbar ist.

Jemand, der zum Beispiel Liebe lehrt, wird an seinem Umfeld, seiner Familie, seinen Schülern und seinem Partner überprüft werden, wie wahrhaftig er Liebe leben kann. Hat dieser Lehrer wunderbar klingende Ideen, die aber nicht gelebt werden, bringt das der Weiterentwicklung leider gar nichts oder stiftet noch Verwirrung.

Es zeigt sich im wirklichen Leben, ob die Verbindung gelungen ist zwischen dem irdischen und höheren Selbst.

Ist dann noch das innere Männliche mit dem Weiblichen in Balance, treten wir in wahrliche, verantwortliche Schöpfermacht ein.

Um diese Mitte geht es.

Mit was auch immer wir an Herausforderung konfrontiert sind, Ziel sollte sein, in Frieden zu kommen mit dem, was ist, oder unter Umständen das Umfeld zu wechseln, um in Frieden zu kommen.

Es braucht Vergebung, um in Frieden zu kommen und dazu gibt es unterschiedliche Herangehensweisen.

Schlüssel 5:

Drei Ebenen der Vergebung

Da wir jetzt wissen, wie diese Welt funktioniert mit ihren Gesetzen, Widerständen, Automatismen und verdrängten Gefühlen, können wir nun auch anfangen zu verzeihen.

Es gibt verschiedene Ausgangspunkte, die unterschiedliche Herangehensweisen brauchen.

Es ist wichtig zu unterscheiden, welche Ebene gerade dran ist. Auf der ersten Ebene ist es zum Beispiel sehr wichtig, einfach mal unreflektiert Gefühle so rauszulassen, wie sie da sind. Befinden wir uns gerade in einem Konflikt, der eher mit einer Inneren-Kind-Thematik zu tun hat, braucht das Kind erst einmal die uneingeschränkte Erlaubnis, das auszudrücken, was da ist. Dann braucht es Trost und Zuwendung, und dann kann man über weitere Schritte nachdenken.

Wenn ein inneres Kind konkreten Zorn ausdrücken möchte, ist es nicht ratsam, mit Vernunft ins Verständnis zu gehen und zu sagen: „Ich weiß, ich sollte 'verzeihen'". Das geht gar nicht, da muss erst einmal das Gefühl, um das es geht, fließen. Im nächsten Schritt wäre dann Verständnis dran, und im übernächsten das komplette Einverstandensein mit allem, wie es war – aber Schritt 1 darf nicht übergangen werden.

Die zweite Ebene ist eventuell ein konkretes, vernünftiges, klärendes Gespräch, wo auch das Verstehen der anderen Person entstehen kann. Das kann auch per Brief beginnen.

Die letzte Ebene bezieht die Seelenebene mit ein, was bedeutet: Was auch immer geschehen ist, war eine Art seelische Verabredung und war immer dazu da, etwas bisher nicht Heiles heilen zu können.

Vergebung auf drei Ebenen

Als Wesen, die sich gerade mit dem irdischen und dem göttlichen Selbst im Herzen vereinen, werden wir uns immer wieder mal in der irdischen, mal in der himmlischen Ebene befinden und uns da hin und her bewegen. Wann welche Behandlung für welche Ebene dran ist, ist jeweils zu entscheiden.

Die himmlische Ebene weiß, daß wir uns verabredet haben, uns zu helfen, Altes zu heilen, aber wenn wir gerade einfach tief enttäuscht sind, oder sauer, dann ist das eben konkret irdisch so und darf nicht übergangen werden.

1. Ebene: Hier wird ein Konflikt sichtbar, und es beginnt der Wunsch nach Veränderung. Es ist wichtig, dass alles ausgedrückt werden darf, was da ist. Wenn es Zorn ist, ist es Zorn, wenn Trauer, dann Trauer, wenn Anklage, dann Anklage, etc.

An dieser Stelle ist es auch ratsam, diesen Gefühlen durch Schreiben, Tanzen, Boxen oder Ähnliches Ausdruck zu verleihen, ohne sich direkt mit den Personen, um die es geht, auszutauschen. Alles darf sein in dieser Phase, und die ist sehr wichtig.

Hier greift die Arbeit mit dem inneren Kind sehr gut. So achten Sie Ihre eigenen Bedürfnisse, erlauben Ihrer Wahrheit zu sein und geben sich das Mitgefühl, was damals gefehlt hat. Damit kommt etwas in Ihnen zur Ruhe, wird endlich etwas in Ihnen gesehen, was es dringend brauchte, geachtet zu werden.

Beziehungsweise, was uns allen gefehlt hat, ist, gefühlt zu werden, als das Wesen, das wir sind in der Essenz.

2. Ebene: Wir halten die Gefühle nicht mehr zurück und schlucken den Konflikt nicht mehr herunter, sondern sprechen direkt mit den Menschen, denen wir vergeben wollen. Wir treffen uns mit den jeweiligen Menschen, teilen uns mit und achten gegenseitig die Gefühle und Bedürfnisse von uns selbst und die des Anderen.

(Paul Ferrini bietet hier eine direkte Vergebungsarbeit an, den Affinity-Prozess)

Wichtig für jede direkte Aussprache und heilende Klärung ist ein heiliger Raum. Ein heiliger, bzw. schützender Raum ist dann da, wenn bestimmte Regeln beachtet werden.

Es ist wichtig, dass beide Personen sich gegenseitig achten, sich aussprechen lassen, und dass sie wirklich die Bedürfnisse des Anderen hören möchten. Desweiteren ist es wichtig, bereit zu sein, eigene Schwächen und Fehler zuzugeben.

Ist dieser Raum nicht vorhanden, ist diese Basis nicht da, passiert es leicht, sich wieder weiter zu verletzen, statt Verständnis füreinander zu entwickeln und etwas zu heilen.

Sollte man sich nicht gleich mit der betreffenden Person treffen können, oder geht das mit einer bestimmten Person aus irgendwelchen Gründen nicht gut persönlich, kann man die konkrete Aufarbeitung eines alten Konflikts auch über einen Brief beginnen.

Auch über einen Brief, der gar nicht abgeschickt wird. Sie schreiben da alles rein, was Ihnen schon lange auf dem Herzen liegt, und verbrennen ihn anschließend.

Das entlastet ihr Herz, und diese Klärung kommt als Schwingung beim Anderen an, und so ergibt sich Schritt für Schritt eine Auflösung.

So kann zum Beispiel auch im Nachhinein mit einer verstorbenen Person noch etwas bereinigt werden.

3. Ebene: Hier geht es darum, dass wir uns bewusst werden, dass wir auf der Seelenebene diese Menschen ausgesucht haben, um mit ihnen durch diese Schwierigkeit etwas zu lernen.

Es ist immer ein Sinn dahinter. Das mag erst einmal unangenehm sein, aber im Grunde will uns diese seelische Verabredung nur aufmerksam machen, auf etwas, was wir in uns bisher noch nicht erkannt haben, was nicht in Balance ist, was noch ungeheilt ist.

Unser höheres Selbst und das des Anderen hat uns eine Situation erschaffen, an der wir spirituell wachsen wollen. Die Seele will uns immer zu mehr innerem Wachstum, Entfaltung und Liebesfähigkeit verhelfen. Wenn wir die jeweilige Lektion annehmen und verstehen, haben wir immer einen Gewinn daraus, wenn wir uns aber in Bewertung und Schuldzuweisung verbeißen, geht es nicht vorwärts. Colin Tipping hat diese Form der Vergebung genauer ausgeführt. (Colin C. Tipping, Radikale Vergebung)

Wenn wir gerade nicht erkennen können, um was es da gehen könnte, oder noch sehr im Schmerz sind, dann ist es besser, wieder zurückzuschalten auf Ebene 1. Identifizieren Sie das Gefühl, um das es in diesem Konflikt geht und suchen Sie den Ursprung dieses Konflikts in ihrer Kindheit, lassen Sie alle Gefühle dazu zu, geben Sie sich an der Stelle Zuwendung und lassen es erst einmal dabei.

Betrachten wir ein konkretes Beispiel zu den drei Ebenen im Alltag. Stellen Sie sich vor, ein Mädchen im Alter von 14 Jahren wird von seinem Vater körperlich missbraucht, d.h. geschlagen. Das hat unter anderem die Folge, dass das Mädchen denkt, es hätte etwas falsch gemacht, es sei schuld an der Situation, es sei unwichtig, es sei minderwertig.

Desweiteren übernimmt es eine Art Schuld, wenn der Vater die Verantwortung für sein Handeln nicht übernimmt.

Was als Erstes dahin gehört, ist, dass das Kind die Verantwortung an seinen Vater zurückgibt. Sie können Verantwortung innerlich in einem Ritual an die Stelle zurückgeben, wo sie hingehört – auch das wirkt schon. Oder Sie machen dazu eine Familienaufstellung, in der Sie das konkret erleben und sehen können.

Der Vater war in der Situation der Große, der Erwachsene und hat seine Macht missbraucht. Nach dem Gesetz des Ausgleichs will Energie immer ausgeglichen werden, und wenn einer eine Verantwortung nicht übernimmt, tut das ein anderer, der sie unter Umständen gar nicht tragen müsste.

Familienaufstellungen helfen an dieser Stelle und sorgen dafür, dass die Verantwortung an den rechten Platz kommt, dass Wahrheiten ausgesprochen werden dürfen, dass jeder seinen rechten Platz wieder einnimmt, dass energetisch die Ordnung wiederhergestellt wird.

Wenn das Kind sagt: „Du bist der Große, und ich bin die Kleine, die Verantwortung für dein Handeln trägst du und die Folgen deines Handelns auch", wird die ursprüngliche Ordnung der Energie wiederhergestellt. Das hilft beiden, den rechten Platz wieder einzunehmen und die Verantwortlichkeit an die Stelle zu geben, wo sie hingehört. Der erste Schritt ist, dass das Kind sich bewusst wird, dass es nicht schuldig ist, dass es nichts falsch gemacht hat, sondern dass der Vater fahrlässig und nicht seiner Fürsorge für das Kind entsprechend gehandelt hat.

Es geht dabei nicht um Schuld, sondern um Verantwortung, und solange der Erwachsene diese nicht anerkennt, übernimmt das Kind verdreht die oben beschriebenen Gefühle, was bei allen Arten von Missbrauch so stattfindet. Es gibt emotionalen Missbrauch, körperlichen Missbrauch, Macht-Missbrauch, spirituellen Missbrauch – und alle heilen nach demselben Prinzip. Man fühlt, was los ist und gibt energetisch die Verantwortung dahin zurück, wo sie bisher nicht getragen wurde und drückt seine Gefühle in einem geschützten Rahmen aus.

Im Übrigen haben fast alle Menschen Missbrauch, ob physisch oder emotional, im alten System in der einen oder anderen Form erfahren. Und da sich das durch alle Ebenen des menschlichen Miteinanders zieht, ist es so wichtig, da genau hinzuschauen.

Es ist wichtig, die Heilung in drei Phasen von Vergebung zu unterteilen, denn wenn man der ersten Phase nicht den nötigen Raum gibt, fehlt dieser Teil, und alles Weitere wird schräg. Wenn eine Wut z.B. nicht richtig ausgedrückt wurde, wird sie entweder an anderer Stelle rausgelassen, wo sie nicht hingehört, oder wird destruktiv nach innen genommen, was eher die weibliche Form ist und in den meisten Fällen zu Krankheit führt.

Wenn Ebene 3 vorweggenommen wird und gesagt wird, „Du hast dir diesen Papa ausgesucht, und deine Seele wollte diese Erfahrung machen", mag das zwar stimmen, ist aber an der Stelle erneut verletzend, weil Gefühle unterdrückt werden. Diese müssen erst einmal frei fließen dürfen, ohne beschwichtigendes Verständnis, oder diplomatisch zu sein.

Da diese Gefühle lange Zeit nicht erlaubt waren, ist es wichtig, Phasen der Wut, der Trauer, der Bedrohung, oder welcher Not auch immer, zu achten und auszudrücken.

Auch ist es durchaus möglich, dass wir Wesensanteile haben, die bereits sehr weise sind, es aber gleichzeitig einige Innere-Kind-Anteile gibt, die, eben wie ein Kind, Trost brauchen. Das zeigt, dass auch ein Professor oder eine Managerin einen Kleinkindanteil haben können, der nicht erlöst oder geheilt ist, und der dann Zuwendung braucht, obwohl die Person im sogenannten normalen Leben anerkannt und erfolgreich ist. Oft ist ein durchaus waches höheres Selbst erkennbar, und dennoch braucht es immer wieder die Demut, hinzuschauen, ob alle Anteile gleich erwachsen sind, und wenn nicht, gilt es, diese anzunehmen und miteinander in Einklang zu bringen.

Für einen Therapeuten ist es deswegen sehr wichtig zu sehen, wo der Mensch gerade steht mit seinem Thema. Von der seelischen Verabredung zu reden, wenn der Betreffende diese Denkweise vorher noch nicht gehört hat und Gefühle noch nicht ausreichend geflossen sind, unterstützt nicht die Integration. Oder umgekehrt, ein hoch entwickelter Mensch, der alles mögliche Seelische schon weiss, kann auch mal zurückschalten müssen auf eine niedrigere Ebene, um einer jahrelang unterdrückten Enttäuschung ins Auge zu sehen.

Da wir uns heutzutage sehr schnell entwickeln können, kommt es oft vor, dass ein höherer Wesensanteil nicht weitergehen kann, wenn nicht parallel ein Innerer-Kind-Anteil geheilt und mitgenommen wird.

Nochmal konkret der ganze Prozess der Vergebung:

Erst einmal erlauben Sie sich, die wahren Gefühle eines inneren Kindes zu fühlen, dann geben Sie dem Erwachsenen, der Sie missachtet hat, einem Vater, einer Mutter, einem Lehrer, einem Vorgesetzten oder Ähnliches die Verantwortung für sein Handeln zurück, erst innerlich, dann vielleicht in einem Brief oder Gespräch.

Dann lassen Sie sich etwas Zeit, manchmal zwei Tage, manchmal sechs Wochen, manchmal mehr, und dann, wenn es innerlich reif ist, machen Sie sich bewusst, dass Sie sich seelisch zu dieser Situation mit der jeweiligen Person verabredet hatten. Jetzt wünschen Sie Frieden zu schließen mit der ganzen Geschichte.

Bitten Sie unter Umständen darum, vergeben zu können, wenn es noch nicht ganz gelingen sollte.

Demut ist am Ende sehr wichtig und darum geht es bei dem Ganzen ebenso, wie innere Stärke zu zeigen und Grenzen zu setzen und sich nicht länger benutzen zu lassen, in welcher Form auch immer.

Grenzen setzen und doch zugleich ehrlich vergeben scheint ein Paradoxon zu sein, ist jedoch zu vereinen. Das ist der Weg der Mitte zwischen Demut und Selbstachtung.

Und ganz am Ende beziehe ich alles auf mich und sage: „Wenn ich mich jemals so verhalten habe, wie die Person in dieser Situation, dann tut es mir leid und ich vergebe mir.“ Auf diese Weise bringen Sie Frieden in Ihr Umfeld.

Schlüssel 6:
Die neue Autorität wohnt im eigenen Herzen

Nochmal zur Wiederholung: Nach dem Gesetz der Resonanz sehen wir im scheinbar äußeren Leben, was wir innen ändern müssen, wenn wir uns mehr Frieden, Liebe und Harmonie wünschen. Wenn wir glauben, unser Glück hinge davon ab, welche Entscheidungen Autoritäten im Außen treffen, dann fühlen wir uns leicht ausgeliefert.

Wenn Sie aber wieder in die Verantwortung gehen und mit Ihrer Autorität im Inneren in Harmonie kommen, wird sich das in Ihrem Umfeld widerspiegeln.

Ein Beispiel: Sie regen sich auf über die Politiker, die immer noch nicht bereit sind, dem Atomausstieg zuzustimmen. Alles, was Sie aufregt, ist ein Hinweis auf einen inneren Wunsch nach Harmonie.

Da Sie im Außen die Politiker nicht ändern können, gehen Sie damit erst einmal nach innen und fragen sich: „Wo bin ich noch dabei, zerstörerischen, gesundheitsschädlichen und lebensfeindlichen Dingen Zutritt zu meinem Leben zu gewähren?“

Das, was wir im Großen sehen, gibt es im Kleinen immer auch in uns und in unserer Umgebung. Immer noch haben wir da bei uns selbst einiges zu finden, wie ungesundes Essen, Wohnen in lärmender Umgebung, zu wenig Bewegung und frische Luft oder Ähnliches.

An dieser Stelle, bei Ihnen selbst, ist eine tatsächliche Änderung machbar – und es liegt an Ihnen. Wenn es hartnäckige Süchte sind, wie Rauchen oder Alkoholtrinken, lassen Sie sich helfen, diese selbstzerstörerische Gewohnheit aufzugeben. Denn ein Entzug ist schwer alleine zu schaffen, und es gibt viel professionelle Hilfe dafür, wie beim '12-Schritte-Programm' von www.anonyme-alkoholiker.de

Mit diesem Ansatz, lieber innen anzufangen, entdecken Sie immer mehr den Handlungsbedarf in sich selbst. Wenn Sie da dranbleiben, gehen Sie in die einzige Macht, auf die Sie Einfluss haben, damit ändert sich zumindest in Ihrem Leben etwas, und dadurch wiederum ändert sich auch etwas in Ihrem Umfeld.

Die Autorität im eigenen Herzen

Jetzt wiederholen sich schon manche gesagten Dinge, weil alles ineinander zahnt. Und der erste Schritt, der wichtig ist, ist wie gesagt das Beenden von Bewertungen und Schuldzuweisungen.

Nehmen Sie, liebe Leserin, lieber Leser das, was Ihnen im Außen schwierig, ungerecht oder böse erscheint, als einen Hinweis auf eine eigene innere Unordnung, die in Ordnung kommen möchte. So einfach ist das – und ist es auch wirklich, wenn Sie über ihren Schatten springen können, d.h. bereit sind, sich immer wieder selbst zu hinterfragen.

Das Zweite ist, die Verantwortung zu übernehmen und gleichzeitig nicht in die Identifikation zu gehen. Das Dritte ist, die Gefühle zu achten und mit der Verantwortung für das innere Kind sein Leben in neue Bahnen zu lenken. Und die Arbeit mit dem inneren Kind fördert Selbstverantwortung und Selbstliebe.

So kommt die eigene Autorität wieder, und die wohnt nicht in einem viel belesenen Kopf oder da draußen in einem Lehrer oder gewählten Politiker, sondern in der Verbindung zum eigenen offenen, liebenden Herzen. Denn über das Herz sind wir angebunden an das Einssein, das Allwissen und die Intuition. Da jetzt unser Weg wieder in unser Herz führt, werden wir unweigerlich noch einmal den Schmerzen begegnen, die uns im Herzen zugefügt wurden.

Deswegen haben wir unser Herz verschlossen und damit den Zugang zu der wahren Autorität in uns verloren. Wenn wir diese Schmerzen nun mit Bewusstheit fließen lassen, lösen sie sich Schritt für Schritt auf, und unser Herz kann uns wieder führen. Nur das Herz weiß, was für uns gut ist, und das Herz ist mit allen und allem verbunden.

Die Intuition

Wenn wir dieses Herz befreien, werden wir die erhöhte Schwingung und Beschleunigung wie eine Welle reiten können, und Dinge erfahren und bewegen können, wie nie zuvor.

Sich auf den Schmerz einzulassen gibt uns letztendlich das Geschenk eines geläuterten Herzens, der Demut, der Liebe und der Freiheit, nach der wir schon so lange suchen.

Bei der Intuition ist es nicht wichtig zu wissen, warum Sie so fühlen und dass Sie einen Impuls erklären können. Genau das macht die Intuition aus, dass man ihr folgt, nach ihr handelt, obwohl gerade noch nicht klar ist, warum das so ist und wohin das führt. Im Nachhinein weiß man, dass die Intuition, die Eingebung, die Idee richtig war, und so wächst das Vertrauen in sie immer mehr.

Wichtig ist die Mitte, die Mitte zwischen den Polen männlich und weiblich und die Mitte zwischen Oben und Unten, dem höheren Selbst und dem irdischen Selbst. An dieser Stelle brauchen wir unbedingt ein waches Herz, das uns die nötigen Impulse unserer inneren Stimme mitteilt, und was gerade gebraucht wird.

Lösungen für anstehende Entscheidungen sind immer im jeweiligen Moment im Herzen zu finden. Die Herzensweisheit ist nicht außerhalb von uns zu finden, und nicht an feste Regeln gebunden. Und in diesem offenen Herzen wohnt Ihre eigene Autorität, die immer gütiger, mitfühlender und mutiger wird, je mehr Sie bei sich bleiben, und je mehr die alten Verletzungen schmelzen.

Dann haben Sie den idealen Ratgeber immer bei sich, und das macht Sie unabhängig und gibt Ihnen Sicherheit, die Ihnen keiner mehr nehmen kann, weil sie nicht gekauft ist, sondern ein integrierter Teil von Ihnen selbst ist.

Das sind die Möglichkeiten der Neuen Zeit, und damit hören auch Machtmissbrauch und jeglicher Missbrauch und die vielen kleinen und großen Abhängigkeiten auf.

Wenn Sie einen Moment innehalten und lauschen, was das Herz gerade im jeweiligen Moment mitteilt, werden die not-wendigen Impulse kommen, die uns auf einen sinnvollen und erfüllten Weg führen, der immer in frischem, klarem Fluss ist. Die Natur macht es hier wieder deutlich.

Wir sind aufgefordert, ständig klare Entscheidungen zu treffen. „Will ich im Gewohnten weitermachen, oder gehe ich einen Schritt in Richtung meiner Herzensimpulse, auch wenn ich noch nicht weiß, was daraus wird?"

Bei diesen Entscheidungen hilft Ihnen die Frage: Führt die Entscheidung zu mehr Liebe, Frieden und Mitgefühl für Sie und Ihr Umfeld – dann ist sie richtig, sagt das Herz.

Oder halte ich aus falscher Sicherheitsidee, Angst, Gewohnheit, aus unbewussten Verträgen, Vereinbarungen, Schwüren oder ähnlichem heraus am Alten fest? Und welche alten Verträge und Schwüre könnten das sein?

Es hilft oftmals, sich diese Fragen kurz schriftlich zu beantworten, das macht etwas bewusst und dadurch wird eine Bindung freier.

Wer in sich seine selbstverantwortliche Autorität gefunden hat, die im Dienst einer höheren Energie oder im Dienst der Liebe steht, ist unabhängig, gütig und frei. Und da diese Autorität im Herzen verankert ist, weiß sie auch, was für alle gut ist, da das Herz verbunden ist mit allen.

Ein vom Herzen abgekoppelter Verstand denkt nur an sich selbst und seinen Vorteil. So konnte es geschehen, dass in der Vergangenheit die alte machtbesessene Autorität regiert hat, und so entstand die dunkle Magie.

Der korrekte Umgang mit Magie

Wir alle haben Erfahrungen mit ungerechten, manipulierenden und lieblosen Autoritäten gemacht, und dabei war auch Magie ein wichtiges Thema, über das nicht gesprochen wurde und das oft nicht bewusst war.

Sowohl für das eigene Leben, als auch zum sauberen Arbeiten als Therapeut oder Heiler, möchte ich mit Ihnen die Bedeutung der Magie beleuchten, was mir sehr wichtig ist.

Magie ist, wenn wir nicht vertrauensvoll den Dingen ihren Lauf lassen, sondern uns manipulativ einmischen. Es gibt schwarze und dunkle Magie, weiße Magie, bewusste und unbewusste Magie.

Schwarze, bewusste Magie ist, wenn ein Einzelner oder eine Gruppe bewusst alle Kräfte einsetzt, um etwas zu erreichen, was er möchte oder sie möchten, wissend, dass es zum Schaden der Anderen ist.

Dunkle, bewusste Magie ist, wenn wir jemandem Misserfolg wünschen, oder jemanden zu etwas überreden, weil wir einen scheinbaren Vorteil davon haben, jedoch wissen, dass der Andere das nicht will.

Dunkle, unbewusste Magie ist, wenn wir negative Gedanken jemandem gegenüber haben, eine unbewusste Rache oder Hass, ihm nichts Gutes gönnen wollen, oder schlecht über ihn reden.

Weiße, unbewusste Magie ist, wenn wir jemandem etwas abnehmen wollen, was dieser scheinbar selbst nicht bewältigen kann. Alle abhängigen und co-abhängigen Beziehungen fallen unter diesen Punkt, und dabei ergeben sich natürlich auch Schnittmengen mit unbewusster und bewusster dunkler Magie.

Weiße, bewusste Magie ist, wenn wir etwas 'verbessern' wollen, weil wir es gut meinen, der Andere aber nicht darum gebeten hat oder es vielleicht auch gar nicht will.

Wenn wir glauben zu wissen, was für jemanden das Beste ist und ihn da hinhaben wollen, ist das Einmischung und unerlaubt und wird energetisch nach Ausgleich verlangen. Das bedeutet, Sie selbst müssen unter Umständen das tragen, was Sie dem Anderen ungefragt abnehmen wollten.

Wir können nicht wissen, was für jemanden das Beste ist, jeder macht die Erfahrungen, die er machen muss und die seine Seele ihm vorgibt. Das passiert nach einer höheren Ordnung, und wenn wir meinen, es besser zu wissen, dann glauben wir, etwas besser zu wissen als das Göttliche, das immer alles perfekt regelt – und das ist anmaßend.

So greifen wir in eine höhere Ordnung ein und müssen das selbst ausbaden. Wenn wir als Heiler oder Therapeut jemandem eine Schicksals- oder Lebensaufgabe wegnehmen wollen, weil sie angeblich zu schwer ist für denjenigen, was meinen Sie, wer das Schicksal dann übernehmen wird, da Energie nicht verloren geht im Universum?

Eine klare, wirksame Formel ist hier: „Ich bin verantwortlich für Meins und Du bist verantwortlich für Deins." Das klingt so einfach, ist aber in vielen zwischenmenschlichen Beziehungen gar nicht so einfach, wenn wir es genauer beleuchten:

Wenn ein Freund durch eine schwierige Situation geht, ist es natürlich naheliegend, ihm das erleichtern zu wollen, aber wir dürfen es nicht, es sei denn, er hat uns konkret um Hilfe gebeten. Dann können wir etwas tun, wozu uns unsere Gaben befähigen, aber immer mit dem Gedanken im Hintergrund: „Dein Wille geschehe“, also der Wille der höheren Ordnung.

Eine schwierige Phase im Leben ist vielleicht eine wichtige Reifung für eine Seele, die sie braucht. Da können wir nur vertrauen, und wenn die Zeit reif ist, dass etwas sich ändert, dann werden die Hilfe und Informationen kommen, dass sich etwas ändern kann.

Das Göttliche wirkt in der einzig richtigen Ordnung, und der Mensch ist nur ein Instrument der Ausführung. So und nur so arbeitet ein Heiler sauber. Denn als Therapeut und Heiler ist man hier schnell in einer Grauzone der Einmischung. Es ist sehr wichtig, sich der höheren Ordnung eines jeden Seelenweges unterzuordnen, denn jegliche Einmischung bringt die Ordnung durcheinander und fällt auf uns selbst zurück.

Die höhere Ordnung entscheidet, ob jemand gesund werden soll, oder nicht. Wir dürfen unsere Talente einsetzen, wenn wir gefragt wurden, aber wir haben nicht in der Hand, was richtig ist und was dabei herauskommen soll. Ein Heiler ‘macht’ nichts, er stellt sich lediglich als Kanal, als Werkzeug zur Verfügung.

Wenn wir als Heiler helfen konnten, dann ist das göttliche Gnade, und sowohl Helfer als auch Hilfesuchender dürfen diese Erfahrung der Gnade machen, und die bringt dann beide immer mehr in die Ehrfurcht und die Demut. Das ist der wahre Lernweg der Hingabe.

Im Zuge unserer großen Transformationsreise durchqueren wir auch Ebenen, die Bewusstsein bringen wollen in unsere Verstrickungen mit Magie.

Möglicherweise begegnen uns diese alten Schatten aus einer anderen Zeit, in der wir Magie ausgeübt haben, in der wir bewusst oder unbewusst einen Fluch, eine Verwünschung, einen Zauber oder Ähnliches auf jemand gerichtet haben. Wenn wir bemerken, dass wir uns gerade nicht weiterentwickeln können und uns etwas blockiert, dann kann das auch mit solch einer alten Magie zu tun haben. Ziehen Sie in Erwägung, dass hier ein alter Fluch, ein Zauber oder etwas Ähnliches noch wirken könnte.

Denn wiederum nach dem Gesetz der Resonanz kehrt alles zu uns zurück, was wir aussenden. Glücklicherweise haben wir jetzt die Möglichkeit, diese magische Verstrickung zu uns zurückzunehmen, indem wir wie zuvor sagen: „Wenn ich mich jemals so verhalten habe, tut es mir leid. Ich nehme jeglichen Fluch, jeglichen negativen Wunsch, etc. wieder zurück und werde das nicht wieder tun."

Es ist gleichgültig, ob Sie sich als Opfer oder Täter dieser Verstrickung fühlen, Sie haben die Möglichkeit, durch eine solche Verantwortungsübernahme aus magischen Verstrickungen auszusteigen, wie aus allen anderen Täter-Opfer-Spielen auch.

Diese Art von Läuterung ist ein wichtiger Teil unseres Bewusstseins- und Reinigungsprozesses. Je weiter wir uns ent-wickeln, desto mehr kommen wir auch mit alter Magie in Berührung.

Um nicht wieder Magie auszuüben, auch nicht weiße Magie, weil auch sie eine Einmischung ist, die auf uns zurückfällt, ist es sehr wichtig, bewusst und verantwortungsvoll mit den eigenen Kräften und Fähigkeiten umzugehen.

Magie vermeiden bedeutet, sich neutral in den Dienst des Göttlichen zu stellen, ohne die eigene Absicht zu verfolgen.

Es ist gut, in Verbindung mit Menschen, mit denen wir Schwierigkeiten haben, endlich alle Verträge, Schwüre, Eide oder Versprechen aus vergangenen Zeiten zu löschen. Wir leben im Hier und Jetzt, und da sind alte Versprechen oder Verträge nicht mehr gültig.

Es wird jetzt entstehen, was entstehen soll im jeweiligen Moment. Das ist Teil des Wesens der wahren Neuen Zeit.

Betrachten wir noch mal das Phänomen der Magie.

Magie hat ein breites Repertoire und zieht sich durch unser gesamtes Leben, sie beginnt bei Werbung und endet bei Voodoo.

Dunkle Magie als eine mächtige, sich verselbständigende Energie entsteht, wenn drei Dinge zusammentreffen:

Unbewusstheit, Lieblosigkeit, Ohnmacht.

Machen wir uns das mal bewusst, wie schnell diese drei zusammenkommen.

Wird jetzt auch noch mit Vorsatz Energie darauf gerichtet, jemandem zu schaden, dann verstärkt sich die Lieblosigkeit zusätzlich, wirkt über den Moment des Erschaffens weit hinaus und fällt auf denjenigen zurück, von dem die Magie ausging.

Wenn wir das wissen, müssen wir einfach den Auftrag annehmen, all die täglichen Herausforderungen zu nutzen, um bewusster zu werden, die eigenen Ängste liebevoll zu transformieren und die Ohnmacht zu heilen, die meist aus der Kindheit noch da ist, wo wir tatsächlich ohnmächtig waren, im Gegensatz zu heute.

Jetzt dürfen wir das ganze Thema 'Macht' wieder reinigen, werden erwachsen und gehen in eine liebevolle Macht zurück, übernehmen Selbstverantwortung und werden liebevolle Mitschöpfer in Einklang mit Mutter Natur, ohne uns magisch einzumischen.

Ich habe immer nach dem Wahren, dem Echten, der Liebe und Reinheit gesucht und bin natürlich in der Tiefe auch genau jenem Schatten begegnet, dem Unechten, dem Lieblosen, der Kopie, dem Blender, um klar unterscheiden zu lernen.

Letztendlich habe ich dann einmal am Ursprung gesehen, wie Verführung gemeint ist, denn auch das Dunkle ist Teil des Göttlichen.

Ich sah, wie eine Seele, die Sehnsucht nach dem Licht hat, nach Gott hat, auf ihrem Weg geprüft wird, wie aufrichtig ihr Wunsch ist und wie aufrichtig sie bereit ist, Schritte dafür zu tun. Wenn sie der Liebe, dem Göttlichen, näher kommt, kann es sein, dass im Leben Verführungen auftauchen, die dann diesen aufrichtigen Wunsch der Person überprüfen.

Am Anfang ist das eine kleine Geste, ein feiner Versuch, die Seele zu verführen, und wenn sie es erkennt, ist es auch nur eine kleine Entscheidung, und sie folgt ihrer ursprünglichen Absicht in die Liebe.

Wenn sie es nicht erkennt, war ihr Wunsch eben noch nicht aufrichtig genug und sie verliert den eingeschlagenen Weg, verstrickt sich immer mehr, bis sie im Extremfall in Sucht und Selbst-Betrug strauchelt, und so ist es eine Art natürlicher Auswahl nach dem Grad der Wahrhaftigkeit.

Ein kleines Beispiel: Jemand möchte aufhören zu rauchen, und ein 'Freund' bietet ihm eine Zigarette an; so wird seine Standhaftigkeit überprüft. Kann er das ablehnen, kein Problem, tut er es nicht und sagt, „Ist ja nur eine...", dann hängt er unter Umständen gleich wieder an der Sucht.

War jetzt der andere böse, oder wer ist wie verantwortlich?

Ich habe lange gegen diese Kräfte der Versuchung gekämpft, wollte sie entlarven und ins Licht bekehren und war so selbst wieder in Einmischung und falscher Mission und kam dadurch lange aus dem Kampf nicht heraus.

Klare Beobachtung, ohne weitere Einmischung, hat mich dann gelehrt, neutral zu bleiben und das Spiel von Gut und Böse zu durchschauen.

Ein Liedtext von Xavier Naidoo hat mir dabei sehr geholfen. In diesem Liedtext heisst es: „Wir sind nicht für euch und wir sind nicht gegen euch“ ... “So schlagen wir euch mit den gleichen Waffen, wie ihr“ ... „denn in Wahrheit habt ihr uns nur verführt.“

Ich danke diesen jungen Künstlern, die über ihre Lieder und Texte Bewusstsein der Neuen Zeit schaffen.

Wenn wir zugeben, dass wir uns haben verführen lassen, sind wir nicht mehr Opfer, sondern einsichtig und können wieder handeln, nicht ***gegen*** jemanden, sondern ***für*** uns.

So werden wir immer klarer und bewusster und jeglicher Kampf hört auf, und Frieden kehrt ein.

Hierzu habe ich einen anonymen Text gefunden, den ich sehr passend finde. So ähnlich wird der Befreiungsweg für alle verlaufen, für jeden mit seiner individuellen Geschichte.

> » Das Wort Held oder Heldin muss dem Mann oder der Frau vorbehalten sein, der oder die willens ist, die einsame Reise in die Tiefen des Selbst auf sich zu nehmen, sich zum eigenen Schatten zu bekennen, die uralte Kriegerseele aus der Macht böser Geister zu befreien und die Macht und Autorität zu entdecken, die im Ganzsein liegt. «

Je mehr wir Verantwortung übernehmen für den Weg, den wir gewählt haben, je weniger wir uns mit unseren Geschichten identifizieren, desto leichter wird die Befreiung.

Magie ist allerdings ein neutrales Phänomen, es gibt so etwas wie eine gute, nicht ‘gemachte’, natürliche Magie, denn immer wenn drei bestimmte Faktoren zusammen kommen, entsteht eine unabhängige schöpferische Energie.

Diese drei sind Bewusstheit, Liebe, Macht.

Magie ist dann eine solche positive schöpferische Energie, die von selbst entsteht und unabhängig wirkt, und sie kann Übernatürliches hervorbringen. Je mehr wir also in uns Bewusstheit, Liebe und Macht verbinden, umso mehr wird Wundervolles wahrlich auftauchen können.

Zauberer und Magier in alten Zeiten waren immer fasziniert davon, haben viel damit experimentiert und auch viel Ungutes angerichtet. Heute ist die Zeit reif, damit bewusst umzugehen auf eine absolut erwachsene, verantwortliche und saubere Weise.

Indem wir uns der höheren Ordnung unterordnen und an uns überprüfen, inwieweit wir die drei Faktoren Bewusstheit, Liebe und Macht entwickelt haben, und die bewusste Einmischung lassen, bleiben wir konstruktiv und verantwortlich.

So geschieht Veränderung ohne Magie

Anstatt einen alten Zauber oder Manipulation anzuwenden, können wir mit den folgenden Punkten auf eine saubere Weise etwas verändern:

1 Nehmen Sie an, was hier und jetzt gerade ist, verfallen Sie nicht in Wertung.

2 Übernehmen Sie Verantwortung, für das, was ist. Erkennen Sie alles im Leben als Spiegel. Keine Schuld mehr nach außen zuweisen, sondern innen verändern.

3 Lassen Sie Gefühle zu, fühlen Sie sie, und lassen Sie sie fließen. Finden Sie eventuell das Alter heraus, in dem die Ursache geschah, und trösten Sie an der Stelle ein inneres Kind, geben Sie ein neues Gefühl und neues Bild ein.

4 Erkennen Sie die hindernden Glaubenssätze, ohne sich mit ihnen zu identifizieren.

5 Fragen Sie sich selbst: „Bin ich wirklich bereit zur Veränderung? Erlaube ich es mir? Traue ich mich? Was bindet mich noch? Brauche ich Hilfe, und bin ich es mir wert, mir helfen zu lassen?“

6 Gleichzeitig sich nicht mit den Gefühlen identifizieren, sich aber um sie kümmern.

7 Unter Umständen überholte Strukturen, Situationen und Handlungsmuster loslassen, konkrete Schritte machen und handeln. Z.B. welchen nächsten Schritt können Sie konkret selber tun, wenn Sie im Beruf oder der Gesundheit eine Veränderung wünschen? Wenn Sie einen Schritt machen, macht der liebe Gott, wie man so schön sagt, hundert auf Sie zu.

Und zu Ihrem Glück wird, wenn Ihr Wunsch passend für Ihren Seelenweg ist, das Leben Sie dabei unterstützen, ob finanziell, zeitlich, örtlich, oder mit etwas Innerem. Öffnen Sie sich für die Fülle der Möglichkeiten, die immer da sind.

8 Danken, für das, was schon gut läuft. Sich auf das Positive ausrichten, das schon da ist und sich durch die Aufmerksamkeit vermehrt.

Schlüssel 7:
Aufmerksamkeit für unsere Gedanken, Glaubensmuster und wahren Werte

Was Sie denken, manifestiert sich in Ihrem Leben. Das ist so nach dem Gesetz der Energie. Gedanken sind Energie, und Energie folgt der Aufmerksamkeit. Die Herausforderung unserer heutigen Zeit ist, dass wir selbst verantwortlich sind. Durch das, was wir denken, erschaffen wir unsere Welt, und so bleibt uns allen gar nichts anderes übrig, als darauf zu achten, was wir denken. Will ich das, was ich denke, morgen erfahren? Wenn nicht, dann beobachten Sie Ihre Gedanken und ändern Sie diese entsprechend.

Ich habe zum Beispiel meinen Fernseher verschenkt, weil die Negativnachrichten ständig Angst schüren und Zeit rauben und unseren Gedankenapparat ständig mit Sorgen füttern. Diese Zeit wollte ich kreativer und konstruktiver nutzen. Das war eine Entscheidung, die sehr viel neue Energie und Raum für neue Kreativität gebracht hat.

Positiv stimme ich mich jetzt, indem ich meine Zeit bewusst einsetze und meinen Träumen wieder Raum gebe. Indem ich mich einfach nicht davon abhalten lasse, daran zu glauben, dass mein Dasein ein wertvoller Beitrag für ein glücklicheres Miteinander auf diesem Planeten sein kann.

Und ich verbinde mich vor allem mit Menschen, die das auch tun. An den negativen Gesprächen und Gedanken über die Nachbarn oder 'die böse Welt' beteilige ich mich bewusst nicht. Das ist eine klare Entscheidung, die Raum schafft für etwas mir Sinnvolleres. Jeder kann das tun, was er möchte, und jeder ist auch verantwortlich für die Konsequenzen. Jede Wertung, ebenso wie jede Segnung, wird auf uns zurückfallen.

Das, worauf Sie Ihre Aufmerksamkeit richten, vermehrt sich. Wenn Sie unbewusst an etwas denken, zum Beispiel Geldmangel, eine schlimme Zukunft, Arbeitslosigkeit, ist das schöpferische Energie, die unkontrolliert wirken wird. Sie wird etwas anziehen, was Sie eigentlich nicht erleben wollten. Wenn Sie, lieber Leser, liebe Leserin, immer mehr darauf achten, bewusst Ihre Gedanken zu bemerken, können Sie sie aus einer wachen Präsenz heraus stoppen und die Energie neu ausrichten.

Ein praktisches Beispiel aus dem Leben: Seit langer Zeit schon fühlen Sie sich unwohl an einer Arbeitsstelle, es grummelt dazu so in Ihnen dahin, schon ziemlich lange. Stoppen Sie das einfach mal, nehmen Sie sich eine halbe Stunde Zeit für sich selbst und fragen sich:

„Warum bin ich unzufrieden? Was brauche ich? Ist das noch eine Situation, die mich beglückt? Nein? Warum ändere ich das nicht? Wer hindert mich daran? Ist das wirklich so? Was sind die Vorteile einer Veränderung, was sind die Nachteile?“

Lassen Sie die Antworten entstehen und sehen Sie die hindernden Glaubenssätze, sehen Sie, wo diese herkommen und kümmern Sie sich liebevoll um Ihre Ängste oder alten Erinnerungen.

Sehen Sie jetzt, dass z.B. die Angst, keine bessere Arbeitsstelle zu finden, nur ein Glaubenssatz ist und treffen Sie eine neue Entscheidung. Oder, dass Ihre Familie das Geld braucht, und Sie glauben, sich dafür aufopfern zu müssen. Das täte der ganzen Familie nicht gut und sicherlich gibt es andere Wege, wenn Sie sich erlauben, Ihre Aufmerksamkeit darauf zu richten; das betrifft immer noch viele Männer.

Aus dem Wissen heraus, dass im Universum alles in Fülle vorhanden ist, können Sie eine neue Entscheidung treffen, oder zumindest Raum lassen, dass etwas geschehen kann, das Ihnen hilft, eine bessere Arbeitsstelle zu finden.

Wenn Sie Ihre Glaubenssätze angeschaut und gesehen haben, wo sie herkommen und dass sie änderbar sind, kommt die Energie der Veränderung automatisch in Ihr Leben und bringt etwas in Bewegung, ohne dass Sie überhaupt etwas tun mussten.

Diese wache Präsenz, die die Gedanken, ohne Identifizierung, beobachten und stoppen kann, wacht jetzt immer mehr auf. Sie sind nicht Ihre Gefühle, Sie sind nicht die Gedanken, die Sie denken. Wer Sie sind, offenbart sich Schritt für Schritt in dieser neutralen, beobachtenden Sicht. Deswegen ist diese Nicht-Identifizierung mit der persönlichen Geschichte ein Schlüssel zur göttlichen Erkenntnis.

Es sind nur Gedanken, mit denen wir uns zwar immer wieder mal identifizieren und glauben, sie seien die Wahrheit, aber sie sind nicht die Wahrheit, sie sind nur Geschichten, die sich aus der Vergangenheit heraus reproduzieren.

Die Wahrheit ist, das Göttliche ist immer nur Liebe und meint es immer gut mit uns, und wenn unser innerer Beobachter und unsere innere Autorität mit dieser göttlichen Energie verbunden sind, dann ist diese Autorität in uns auch liebevoll, und dann wird sich das Leben so zeigen, wie Sie ab jetzt darüber denken.

Halten Sie einfach mehrmals am Tag inne, um zu überprüfen, ob das, was gerade automatisch denkt, wirklich wahr ist und konstruktiv ist und wenn nicht, halten Sie die Gedanken einfach an, erinnern sich an die Wahrheit und trösten unter Umständen ein inneres Kind, was an Mangel, Hass und Misstrauen durch ein vergangenes Ereignis gebunden ist, und was von dort diese zweifelnden oder missmutigen Gedanken aussendet.

Und zur Erinnerung, wir sind nicht unsere Gedanken!

Die haben sich verselbständigt und bestimmen wie ein Schiff ohne Kapitän den Kurs eigenmächtig, wenn nicht eine wache, bewusste Intelligenz das Steuer übernimmt.

Und diese Intelligenz oder eigene Autorität existiert bereits ganz zart in jedem von uns, wenn etwas in uns die Gedanken bemerken kann und nicht damit identifiziert ist.

Das ist ein fast heiliger Moment und ist ein Teil des wahren Seins, des leeren Raums, in den das Göttliche einfließen kann.

Je mehr Sie diesen leeren Raum wahrnehmen, umso mehr kann die Energie des Zeitgeistes, der Liebe und des Göttlichen in uns wirken und zum Wohle von uns selbst und gleichzeitig uns allen das bewegen, was niemand besser planen könnte.

Die wahre neue Autorität also ist die, die Raum lässt, dass das Göttliche durch diesen Raum wirken kann. Diese Autorität muss erst einmal nicht wissen, was zu 'tun' ist. Im 'Raum-Lassen' entsteht der nächste richtige Schritt, und auf diese Weise kann uns die Intuition den nächsten Impuls geben.

Das braucht den Mut, aus der Kontrolle und den Vorausplanungen auszusteigen und sich ganz der Intuition zu öffnen und hinzugeben.

Autorität im alten Stil war dominant, kontrollierend und sich durchsetzend, Autorität im neuen Stil ist Vertrauen und Wachheit, um Raum zu lassen für das Göttliche, das durch uns Gutes für alle schafft.

Je weniger Aufmerksamkeit Sie den Geschichten geben, die der Verstand strickt, umso mehr kann die ursprüngliche Ordnung wirken. Je mehr Sie misstrauische, zweifelnde Gedanken weiter nähren, umso mehr wird sich das Gedachte in Ihrer Realität widerspiegeln. Es ist Ihre Verantwortung.

Je mehr Aufmerksamkeit Sie auf Ihre schönen Gedanken, Träume, Werte und Visionen lenken, umso mehr nähren Sie bewusst das, was Ihnen wertvoll ist. Erstellen Sie zum Beispiel eine Bildercollage, das verstärkt die Aufmerksamkeit und erinnert Sie an das, was Ihnen wichtig ist. Verwenden Sie für eine solche Collage bzw. 'Vision Board' symbolische oder konkrete Bilder von Dingen, Zuständen, und Erfahrungen, die Sie in Ihrer Zukunft sehen, haben oder erleben möchten.

Eine neue Autorität vertritt immer wahre Werte, wie Liebe, Ehrlichkeit, Wahrhaftigkeit, und Integrität. Diese Werte fehlen so sehr. Sind Sie bereit, durch Ihre konsequente Verpflichtung, Ihr Commitment, Ihr Engagement diese Werte wieder in die Welt zu bringen? Im Vertrauen darauf, dass das Göttliche hier in der scheinbar materiellen Welt für uns sorgt und unser Bestes will, schöpfen wir den Mut, der uns befähigt, für unsere Herzenswünsche einzustehen.

Vielen Menschen, wie auch Ihnen, liebe Leserin, lieber Leser, wird immer mehr bewusst, dass wir uns mit Konsum und Scheinwelten ablenken, die uns nicht wirklich erfüllen können. Das hinterlässt eine Leere, die der Nährboden für unsere Süchte ist.

Wirklich erfüllen können uns nur die wahren Werte, die wir miteinander kultivieren und leben. Wie oft am Tag erleben Sie wirklich Liebe, Integrität, Mitgefühl, Ehrlichkeit?

Der Unterschied zwischen wahren Werten und Scheinwerten ist wie ein Besuch im Kino, in dem wir eine schöne Landschaft anschauen, im Gegensatz zum Erfahren der wirklichen Natur.

Leben Sie Ihr wirkliches Leben, leben Sie das, was Sie erfüllt, bringen Sie die Gedanken und Werte Ihres Herzens in die Welt. Was sind Ihre Werte, was ist Ihnen wichtig, welchen Stellenwert hat das in Ihrem Alltag? Vielleicht schreiben Sie Ihre Antworten auf diese Fragen mal auf, um es zu verdeutlichen.

Schlüssel 8:
Die Talente und Anlagen

Der Mensch ist jetzt also aufgefordert, zentriert mit einem offenen Herzen ein reiner Kanal zu sein, durch den das Göttliche wirken kann. Und die göttliche Energie der Liebe möchte sich über die individuellen Talente und Herzenswünsche eines Jeden ausdrücken.

Deswegen ist es wichtig, dass Sie diese erkennen, pflegen und leben. Nur Ihre Talente können Sie wirklich erfüllen, und damit erfüllen Sie ihren göttlichen Plan, für den Sie gekommen sind. Der rote Faden, die eigene Spur für Ihren Seelenplan, sind Ihre eigenen Herzenswünsche und Anlagen.

Wenn Sie diesen nicht folgen, stattdessen aber Regeln und Anforderungen befolgen, die andere an Sie stellen, dann werden Sie benutzt zur Erfüllung der Ziele anderer und leben an sich selbst vorbei. Dieses ungenutzte Potential in Ihnen hinterlässt eine Leere und macht Sie unzufrieden.

Im göttlichen Plan hat jeder die Aufgabe, die ihn am meisten erfüllt, und die niemand besser umsetzen kann als er selbst. Einen Einblick in den Lebensweg und die Anlagen können Sie unter anderem über ein Geburtshoroskop bekommen, auch gibt es Menschen wie mich, die so etwas in anderen erkennen können. Es ist hilfreich, immer wieder die eigene Ausrichtung zu überprüfen, und immer mehr sich selbst zu erkennen und zu leben.

Jeder hat die richtigen Anlagen, da ist Vergleichen zwecklos. Jeder ist gleich wichtig und hat mit seiner Art einen wertvollen Beitrag zum Ganzen beizusteuern. Es gibt keinen Grund, sich überwichtig zu nehmen, oder klein zu machen. Sie sind mit Ihren individuellen Anlagen das perfekte Instrument zum Ausdruck und Wirken des göttlichen Geistes, der uns alle im Blick hat und für alle lebenden, fühlenden Wesen das Beste will.

Es geht darum, Ihre individuelle Art der Liebe einzubringen. Wenn Sie wirklich einen Beitrag leisten wollen, konstruktiv hier auf der Erde mitzuwirken, dann machen Sie etwas aus dem, was Sie können und was Ihnen gefällt. Wenn Sie wirklich das tun, wo ihre Anlagen, Talente und Herzenswünsche Sie hinführen, dann erfüllt Sie das und macht Sie glücklich, und darum geht es jedem hier, oder?

Je mehr Sie das für sich selbst verwirklicht haben, umso mehr können Sie andere dabei unterstützen, wiederum ihren individuellen Weg zu klären, und erfüllt und gesund zu leben.

Und verbunden mit den Talenten kann auch die Berufung gefunden werden. Das ist das bleibende Abenteuer, das nach innen geht und immer spannender, kreativer und lebendiger wird, weil es zu der einen Quelle führt, die nie versiegt.

Dann brauchen Sie keine Ersatzdrogen mehr, wie Krimis im TV, Coca-Cola, Alkohol, Süßigkeiten, Dramen, oder Scheinabenteuer, wie Bungee-Jumping oder Pornokino.

Wenn Sie wirklich den tiefen Wünschen Ihres Herzens folgen, werden sich Fügungen ergeben. Fügungen zeigen im Übrigen, dass Sie auf dem richtigen Weg sind, dass es nicht nur ein Ego-Wunsch war, sondern eine für die Seele notwendige Erfahrung.

Übung

Nehmen Sie sich einen Moment Zeit und denken Sie an drei verschiedene Ereignisse, in denen Sie sich richtig gut, lebendig, in Ihrer ganzen Kraft und Begeisterung gefühlt haben. Das kann eine Reise sein, eine kreative Arbeit, ein Gemeinschaftsprojekt, ein Hobby, eine geschaffte Prüfung, etwas, in dem Sie sich selbst tief fühlen konnten, einfach glücklich waren.

Nehmen Sie ein Beispiel nach dem anderen und schauen Sie, welche Eigenschaften darin vorkamen, die Sie benötigten.

Hatte das mit Menschen zu tun, mit Natur, mit einer strategischen Herausforderung, mit Kindern, mit Tieren, mit Zahlen, mit Struktur, mit körperlichem Einsatz, mit Tanz, mit Musik, mit Handwerk, mit Kunst, etc.?

Wenn Sie diese drei Ereignisse vergleichen, welche Eigenschaften tauchen dabei immer wieder auf?

Diese sind ein Hinweis auf das, was Sie in Ihr Leben oder Arbeitsleben vermehrt einbeziehen sollten. So bereitet man sich auf den Beruf vor, diese Übung sollten alle Schulabgänger machen und daraufhin in eine Richtung gehen, die der Begeisterung und Freude entspricht und nicht nach dem geht, was der Markt verlangt, oder der Familiendynastie entspricht.

„Wie soll ich das denn umsetzen?“, fragt Ihr Verstand jetzt vielleicht, und dadurch spielt er bremsende Zweifel ein. Dabei müssen Sie das gar nicht selber wissen oder machen – es geschieht, wenn es stimmt.

Wenn wir aus dem Herzen entscheiden und dem Leben vertrauen, dann fügen sich die Dinge, wie sie gehören.

Ein Fluss findet immer seinen Weg ins Meer; der Fluss weiß nicht, wann er wo und wie weiterfließen wird, und Sie müssen das auch nicht wissen.

Sie müssen nur ins Fließen kommen, und das geschieht, indem Sie Ihren wahren Herzensanliegen folgen.

Schlüssel 9:

Der einzige Ort und Zeitpunkt für die anstehenden Entscheidungen – JETZT!

Wenn Sie wissen, worum es Ihnen wirklich geht, und sich darum bemühen, Ihr Herz wieder zu läutern und zu heilen, dann können Sie auch wieder klare Entscheidungen treffen. Und diese Entscheidungen können frisch immer nur in demjenigen Moment getroffen werden, in dem sie anstehen.

Die heutigen Entscheidungen fallen im Hier und Jetzt und entstehen nicht mehr aus vergangenen, ängstlichen Erfahrungen, sondern aus einem Herzen, das den Frühlingsduft der Neuen Zeit bereits wittert und sich ins Neue bewegen möchte.

Neue Ideen kommen, wenn Sie im Alltag anhalten und in Ihr Herz lauschen und fragen, was gerade jetzt richtig ist, was Ihnen gut tut und Freude macht.

Im nächsten Kapitel habe ich Ihnen ein paar Beispiele von Lebensbereichen für die alte Zeit und die Neue Zeit zusammengestellt, und nur indem Sie sich immer mehr für das Neue entscheiden, wird es durch Sie entstehen.

Das neue Zeitalter ist das Zeitalter der Liebe, des Mitgefühls und des Friedens, und das wissen unsere Herzen auch längst, denn das Herz ist verbunden mit allem, und durch Handlungen wird das Neue konkret.

Das heißt, Sie dürfen in den Fluss des Augenblicks wach eintauchen und immer wieder neu überprüfen, ob der eingeschlagene Weg von gestern noch stimmt, oder ob etwas Neues dran ist, und wenn ja, was es ist.

Vertrauen Sie darauf – wenn es Veränderungen braucht, sind diese auch gut für Ihr gesundes Umfeld. Alle können sich mit diesen Veränderungen weiterentwickeln. Das schafft für alle mehr Lebendigkeit, und je mehr Sie tatsächlich handeln und das daraus resultierende Gute immer wieder erfahren, wird mehr Vertrauen geschaffen. Das ist wie eine Positivspirale.

Loslassen gehört auch manchmal dazu und ist oftmals ein wichtiger Schritt. Vertrauen Sie – was wirklich zu Ihnen gehört, wird bleiben oder erneuert zu Ihnen zurückkehren. Manchmal ist es zwingend notwendig, dass wir etwas loslassen, und wenn wir es nicht tun, schickt die Seele eine abrupte, manchmal unerwartete Änderung. Dann geschieht im Außen etwas, wie Kündigung, Verlust oder Trennung, das uns zum Loslassen zwingt.

Im Nachhinein sehen wir, es war gut, dass die Veränderung kam. Sie hat uns ein Stück mehr aus Abhängigkeit, Ablenkung, Sucht, krank machendem Funktionieren oder Lethargie befreit.

Jetzt ist immer der frische Moment, um neu zu entscheiden, und auf diese Weise wird sich das Leben immer mehr zu dem fügen, was Sie sich wirklich wünschen, und alles wird dazu passen, wenn Sie Ihren wahren inneren Impulsen folgen.

Zu dem Thema 'Jetzt' gibt es bereits ein Buch eines Spezialisten, das ich nur empfehlen kann, auch die Hörbücher sind empfehlenswert, um sich auf das neue Denken einzustimmen, weil der Autor selbst gesprochen hat und die Stimme kongruent zum Inhalt ist. (Eckhart Tolle, Jetzt!)

Wenn Sie gerade nicht wissen, wie Sie sich entscheiden sollen, dann schauen Sie wach nach außen in Ihr Leben. Sie sehen dort an den gerade ablaufenden Themen Ihre 'Hausaufgaben'. Gehen

Sie damit in die Stille nach innen und fragen im Herzen nach, was zu lernen und wie zu entscheiden ist – dort ist die Antwort.

Probieren Sie es doch gerade mal aus: Was macht Ihnen in Ihrem Leben schon lange keine Freude mehr? Warum halten Sie das noch aus? Gibt es noch etwas zu lernen, oder brauchen Sie Mut, um es loszulassen?

Bitten Sie um Mut, Klarheit, Wahrheit! Entscheiden Sie sich, es loszulassen oder nochmal genau zu schauen, was Sie da lernen wollten. Warum hat die Seele Sie in diese Lernsituation geschickt? Bitten Sie darum, die Angst vor der Veränderung überwinden zu können. Nur eine offene Hand kann etwas nehmen, und so verändern Sie etwas, was nicht mehr stimmig ist, oder schaffen Platz für etwas, was Ihnen wirklich Freude macht.

Manchmal geht es ums Loslassen, aber manchmal geht es auch darum, eine schwierige Situation durchzuhalten, weil die Seele hier eine wichtige Erfahrung macht, die der Mensch zu seiner Reifung elementar braucht.

Die Unterscheidung zu treffen, geht es gerade um das eine oder um das andere, müssen wir wieder nach innen ins Herz nehmen. Bisher kann es richtig gewesen sein durchzuhalten, aber entscheiden Sie neu im Hier und Jetzt.

Es geht darum, wach ***im Augenblick*** zu sein und Entscheidungen zu treffen, ***die Mitte*** zu wahren zwischen den Polen oben und unten, links und rechts.

Die Verbindung dieser Balance mit einem ***wachen Herzen*** wird wieder zur ***Weisheit des Handelns***, ***Weisheit der Gefühle***, ***Weisheit der Innenschau***, sowie ***Weisheit und Klarheit des Verstandes*** führen, was wir dringend brauchen.

Schlüssel 10:
Dankbarkeit

Energie folgt der Aufmerksamkeit, das ist ein weiteres geistiges Gesetz. Seien Sie intelligent und richten Sie Ihre Aufmerksamkeit auf das, was Sie verstärken möchten.

Wenn Sie sich ständig über etwas beklagen, das fehlt, verstärken Sie das Fehlen. Dankbarkeit ist das Mittel, um Aufmerksamkeit auf das zu lenken, was schon da ist und gut läuft. Somit vermehren Sie das Gute. Dankbarkeit ist wie das Wasser in einem Garten, das die Pflanzen nährt, die wachsen wollen.

Nach einem weiteren Gesetz, dem Gesetz vom rechten Maß, möchten das Geben und das Nehmen in Einklang sein. Um mit diesem Gesetz in Einklang zu schwingen, ist es sinnvoll, dem Leben, das Ihnen viel gibt, etwas zurückzugeben. Dankbarkeit ist zum Beispiel liebevolle Energie, die Sie zurückgeben können, und damit bleibt alles im Fluss und vermehrt sich. Sie können auch ein Lied singen, oder der Natur eine Melodie spielen, weil eine Blume, ein Schmetterling oder ein Sonnenuntergang Sie erfreut, und die Energie der Dankbarkeit da hineingeben. Wenn Sie so mit den vielen kleinen Dingen, die das Leben Ihnen schenkt, umgehen, wird sich das Kleine vermehren und groß werden.

Wenn wir nur nehmen, versiegt die Energie, die uns versorgt hat, und die Gier erwacht. Sie ist eine der größten Krankheiten vor allem der westlichen Welt, sie bekommt nie genug, spielt ständig Unzufriedenheit ein und legitimiert, anderen etwas wegzunehmen, was ihnen gehört.

Gehen Sie mal in Länder, wo die Menschen materiell viel ärmer sind als z.B. in Europa, und die unter wesentlich schwierigeren

Bedingungen leben, als wir hier, und die dennoch innerlich viel zufriedener sind. Indem wir uns erinnern, was uns erfreut und dafür dankbar sind, können wir sofort etwas ändern an unserer Haltung dem Leben gegenüber.

Machen Sie das doch ab heute konkret, schenken Sie einen Blumenstrauß oder etwas anderes jemandem, der Ihnen einen wichtigen Dienst geleistet hat. Geben Sie, wenn Sie bekommen haben, oder bekommen wollen, dann bleibt alles im Fluss.

Oder geben Sie nicht, weil dann etwas 'weg' ist? Es ist nicht weg, es ist im Fluss des Lebens, und an den haben Sie sich durch Ihr Geben angeschlossen, und so wird die Energie zu Ihnen zurückkehren.

Wenn Sie Rechnungen zahlen, danken Sie für die Leistung, die Sie bekommen haben, und wissen Sie, dass alles, was Sie im Vertrauen und Dankbarkeit geben, vermehrt zu Ihnen zurückkehrt.

Wieviel bekommen wir tagtäglich und beklagen uns doch viel zu oft über das, was schief läuft. Überlegen Sie mal, was Sie wirklich brauchen, und was Sie alles glauben haben zu müssen, um glücklich zu sein. Und mal ehrlich, sind Sie wirklich dankbar für das, was Sie haben, oder schielen Sie ständig zum Nachbarn, oder in die Zeitung, ob andere mehr haben als Sie?

Dadurch verstärkt sich im Übrigen ständig der Mangel, und dieses Verhalten spielt sich täglich immer wieder ab.

Eine gute Übung, um die Gewohnheit des Dankens ins Leben zu integrieren, ist, vor dem Schlafengehen den Tag Revue passieren zu lassen und zu danken für das, was war. Diese Energie schicken Sie sozusagen in die Welt und die kommt zurück, so einfach ist das. Selbst wenn Sie das nur gedanklich tun und es niemandem gegenüber ausgesprochen haben, geht diese Energie des Dankens raus in die Welt, und wenn Sie es aussprechen und auch danach handeln, umso besser. So werden Sie zufriedener und ruhiger und werden sehen, dass das, wofür Sie dankbar sind, mehr wird.

Es gibt so viel, wofür wir dankbar sein können: ein hilfreicher Nachbar, das tägliche Essen, ein Schmetterling am Wegesrand, gesunde Beine, die laufen können, oder gesunde Augen, die sehen können, frische Luft, oder ein See, die unermüdliche Sonne oder, oder, oder...

Wenn wir uns darauf ausrichten, finden wir so viele Beispiele, die jeden Moment wirklich da sind – es ist nur eine Entscheidung des Blickpunktwechsels, und wir werden diese Dinge wieder wahrnehmen.

Je mehr Sie am Tag wertschätzen können, was gut ist und einfach zum Beispiel sagen:

„Mir gefällt, dass ...
... der Busfahrer pünktlich gekommen ist und mich gut und sicher nach Hause gebracht hat, danke lieber Busfahrer!“

„Mir gefällt, dass ...
... meine Kinder mir ein Bild gemalt
haben, danke liebe Kinder!“

„Mir gefällt, dass ...
... die Sonne scheint, danke Sonne!“

„Mir gefällt, dass ...
... ich heute Zeit hatte, in die Natur zu gehen
und entspannen konnte, danke Bäume!“

„Mir gefällt, dass...
... ich heute schwimmen gehen konnte, danke Wasser!“

„Mir gefällt, dass ich atme, danke Eltern!“

Je mehr Sie Ihre Aufmerksamkeit schulen auf das, was Ihnen gefällt, was Sie freut und wofür Sie dankbar sind, desto mehr wird sich das vermehren.

Sehen Sie, dass dieses Handeln ab sofort machbar ist und zu einer für uns alle angenehmeren Welt führt?

Schlüssel 11:
Meditation und Gebet

Nur wer in sich Ruhe finden kann, kann auch die innere Stimme hören, und um sich bewusst in diese Ruhe zu begeben, ist Meditation hilfreich.

Es ist wie bei einem See, der einfach mal zur Ruhe kommt, wo alle schwebenden Partikel sich absetzen können und ein klares Wasser übrig bleibt. Im Sturm des Alltags ist ohnehin immer genug Bewegung.

Ich gebe Ihnen eine kleine Meditation, die ich sehr wichtig finde und die zusätzlich zum Zur-Ruhe-Kommen auch das Zentrieren unterstützt. Sie können Sie am besten täglich morgens machen, bevor der Alltag ruft.

Je öfter sie das machen, umso feiner wird Ihre Wahrnehmung und umso leichter lernen Sie, sich zu entspannen.

Setzen Sie sich an einen ruhigen Ort und nehmen sich mindestens eine halbe Stunde Zeit.

Schließen Sie die Augen und gehen Sie mit Ihrer Aufmerksamkeit in Ihr Herz. Atmen Sie ruhig ein und aus und bemerken bewusst Ihren Atem. Nehmen Sie Kontakt auf mit Ihrem Herz und sagen Sie „Danke liebes Herz für deine wichtigen Impulse, die du mir immer gibst und dafür, dass du mir immer wieder die wahren Herzenswünsche mitteilst."

Lassen Sie das Herz sich ausdehnen und Raum einnehmen, schicken Sie dann aus dem Herzen einen Energiestrahl, eine Absicht oder ein Licht durch die Körpermitte nach unten bis tief in die Erde und begrüßen so die Erde.

Wenn Sie dort eine Aufmerksamkeit hingeschickt haben, kommt eine Begrüßungsenergie zurück aus der Erde und fließt wieder durch die Körpermitte bis in Ihr Herz.

Sie können das als Wärme wahrnehmen, oder als Energie, oder als Farbe sehen. Atmen Sie einige Male zwischen dem Herz und der Erde hin und her, in aller Ruhe, und verbinden Sie sich mit der Erde.

Dann schicken Sie einen Energiestrahl aus dem Herzen nach oben durch die Körpermitte in den Himmel, bis zu der Quelle, aus der wir kommen.

Und auch von dort kommt ein Energiestrahl zurück bis in Ihr Herz. Im Herzen verbinden sich diese beiden Energien und werden eins.

Stellen Sie sich noch einmal vor, dass aus der Quelle, aus der Sie kommen, eine Energie von oben in Ihren Kopf fließt und alle Zellen berührt, die da sind. Gehirnzellen, Knochenzellen, Nervenzellen, Drüsen, Organe, Ohren, etc. – und alle Zellen nehmen diese Energie, die beruhigt und regeneriert, auf.

Die Energie fließt weiter von oben nach unten in den Körper und berührt und ernährt alle Zellen, die da sind, Blutzellen, Lymphzellen, Bindegewebszellen, Organe, Gelenke, etc. – und die Energie fließt durch den ganzen Körper, reinigt und informiert alle Zellen und fließt über die Füße bis tief in die Erde.

Aus der Erde wiederum kommt eine andere Art Energie und fließt über die Fußsohlen, in die Füße, die Knöchel, alle Zellen und Gelenke der Beine, in den Unterleib, in den Bauch, von unten nach oben in die Wirbelsäule, in die Arme, in den Kopf, und oben am Kopf fließt die Energie außen an der Aura wieder herunter bis in die Erde, und Sie sitzen wie unter einem imaginären Springbrunnen, unter dem man nicht nass wird.

Jetzt konzentrieren Sie sich wieder in Ihr Herz hinein und beobachten einfach den Atem und lassen die Ruhe geschehen. Einfach eine Weile, bis Sie merken, dass wirklich Ruhe eingekehrt ist.

Wenn Sie eine Frage haben zu Ihrem Leben, oder etwas schwierig ist, geben Sie sie in Ihr Herz hinein und lauschen. Vielleicht kommt gleich eine Idee, vielleicht in den nächsten Tagen.

Bitten Sie Ihre geistige Führung oder direkt die göttliche Quelle um Hilfe, Rat und Unterstützung. Sie müssen nicht alles alleine bewältigen, lassen Sie sich führen und auch tragen.

Wenn Sie in die Umkehr gehen und sich entscheiden, wieder Ruhe und Vertrauen zu lernen, dann werden Sie erfahren, dass das jetzt viel leichter möglich ist.

Ja, manchmal noch wiederholen sich unangenehme Dinge, aber im Grunde nur, um zu zeigen, dass da noch etwas ungeheilt ist und Zuwendung braucht, und dann geht es wieder leichter weiter.

Wenn wir diese Zeit als Gnadenzeit erkennen, werden wir alle Dinge, die sich aus vergangener Prägung wiederholen, mit neuen Augen sehen und die Chance darin erkennen, unsere gespeicherten Erinnerungen zu überschreiben und neu zu programmieren.

Die Wahrheit ist, dass es das Leben gut meint mit uns und uns zu jedem Zeitpunkt unterstützen möchte, glücklich zu sein. Wenn wir diese Wahrheit manchmal vergessen haben, so dürfen wir uns jetzt wieder daran erinnern und neue Erfahrungen machen, Wunder und Gnade erleben, wie nie zuvor.

Auf meiner Webseite gibt es diese gesprochene Meditation als kostenlosen Download. www.zeitenwende-schule.de

Das Gebet ist ein Ausdruck der Demut vor dem Größeren. Wenn Sie sich wirklich immer mehr an etwas Größeres wenden, anstatt nur zu glauben, dass Sie alles wissen, können und alleine machen müssen, wird alles leichter.

Wenn Sie sich immer mehr an die geistige Welt richten, an Engel, Licht- und Naturwesen, kann sich ein Raum auftun, in dem Dinge geschehen, die aus der rein menschlichen Sicht nicht geschehen können. Wenden Sie sich mit Demut an diese Lichtwesen, damit Leichtigkeit und Hilfe in Ihr Leben kommen. Diese Kräfte können nur für Sie tätig werden, wenn Sie bitten.

Ich gebe Ihnen nun ein Beispiel für ein Gebet, dass Sie öfter mal für sich beten können:

» Liebe Urquelle, bitte hilf mir, dass ich meinen Weg, der für mich bestimmt ist, finde und erkenne. Bitte führe mich zu Menschen, Begebenheiten und Orten, die zu der optimalen Entfaltung meines Seelenplans dazugehören, und bitte zeige mir deutlich, was nicht zu meiner Bestimmung gehört. Hilf mir, dass ich das, was meiner Erfüllung nicht entspricht, erkenne und loslassen kann. Danke. «

(Shoukeena)

Es gibt natürlich in allen Lebensbereichen die Möglichkeit, sich so an eine höhere Ebene zu wenden.

Auch können Sie immer wieder Fragen stellen an die geistige Welt. Sowohl die Gebete als auch die Fragen werden dann mit Zeichen, Situationen oder Begegnungen beantwortet, die dazu passen.

Je mehr wir uns auf das Göttliche als hilfreiches, liebendes, fürsorgliches Wesen ausrichten, uns fragend und auch dankend dahin wenden, umso mehr wird es in unser tägliches Leben mit einfließen, und umso mehr werden wir dieses Wirken bemerken und wertschätzen.

Da fast alle Religionen sehr männlich orientiert waren, nachstehend zwei Beispiele für Gebete, sich wieder an die weibliche göttliche Kraft zu wenden.

Geliebte Mutter allen Seins

Gib uns die Kraft,
die SehnSucht unserer Herzen aufrichtig zu leben.
Gib uns den Mut
unsere Liebe und unsere Träume miteinander zu teilen
und unsere Wildheit vollmächtig zu leben.
Gib uns die Offenheit
für HerzBeRührung in jeder BeGegnung.
Gib uns die Weisheit
unserem Schmerz zu folgen
als Zeichen unseres VerBundenSeins
und die Wunden eigenmächtig zu heilen.
Gib uns die Stärke
unser Leid liebevoll zu umarmen
und mit heiliger Liebe zu wandeln.
Gib uns die EntSchlossenheit
unsere heilige Wahrheit zum Wohle aller zu leben
und unserer Seele stets treu zu sein.
Gib uns die HinGabe
uns auch in schwierigen Zeiten
dem LebensFluss anzuvertrauen
und deine Schönheit zu achten.
Gib uns die EinSicht
Schwächen und Fehler
als GeLegenheiten zu tieferem VerStehen
liebevoll anzunehmen.

Gib uns die Klarheit
unsere GeFühle als Botschaften der Seele
offen miteinander zu teilen.
Gib uns das BeWusstSein
die Heiligkeit aller Wesen in jedem AugenBlick
zu achten und zu ehren
um miteinander im EinKlang zu leben.
Schenke uns die Leichtigkeit
unseren LebensWeg gemeinsam zu tanzen
in der Freude des AllVerBundenSeins.

(aus 'Segen so tief wie die Seele' von Rakuna und Anomatey)

Wir haben vergessen, wer wir sind

Wir haben uns selbst entfernt von der EntWicklung des Alls.
Wir haben uns entfremdet von den BeWegungen der Erde.
Wir haben uns abgewandt vom ZeitMaß der Mond.
Wir haben uns abgetrennt vom KreisLauf des Lebens.
Wir haben vergessen, wer wir sind.
Wir haben nur nach unserer eigenen Sicherheit gesucht.
Wir haben alles ausgebeutet bis zum bitteren Ende.
Wir haben unser heiliges Wissen verdreht und verzerrt.
Wir haben unsere Kraft missbraucht.
Wir haben vergessen, wer wir sind.
Nun ist das Land unfruchtbar
und die Wasser sind vergiftet
und die Luft ist verschmutzt
und die Feuer sind entfesselt.
Wir haben vergessen, wer wir sind.
Nun sterben die Wälder
die GeSchöpfe der Erde leiden
und wir Menschen sind verzweifelt.
Wir haben vergessen wer wir sind.
Wir bitten um VerGebung.
Wir bitten um die Gabe uns zu besinnen.
Wir bitten um die Stärke uns zu ändern.

Damit wir uns besinnen,
wer wir wirklich sind
und die GeWalt beenden,
die ZerStörung wandeln,
die Wunden heilen,
die Heiligkeit des Lebens wieder bewahren
und gemeinsam die Kraft der Wandlung offenbaren
in heiliger-heilenden Liebe.

(aus ‘Segen so tief wie die Seele’ von Rakuna und Anomatey)

Teil 2

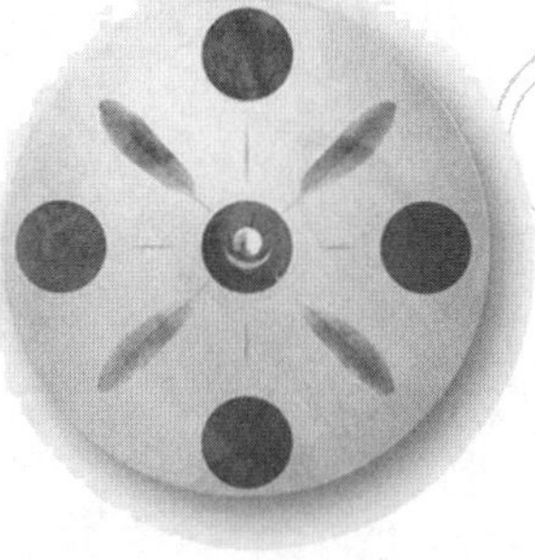

Lebensbereiche
in der alten Zeit,
in der Zeit des Wandels,
in der Neuen Zeit

Die Lebensbereiche in der alten Zeit, im Übergang und in der Neuen Zeit

Es wird von einem sogenannten Paradigmen-Wechsel gesprochen, der uns in dieser Zeit bevorsteht, und den wir ganz konkret mitgestalten können, indem wir permanent die Gelegenheit nutzen, uns für das Neue zu entscheiden – und es damit entstehen lassen.

Wie gesagt, es gibt für diesen Übergang keinen Erlöser, aber es gibt derzeit gute Energien, die das Echte, das Wahrhaftige, die Liebe unterstützen, und es gibt uns fühlende Menschen, die sich dafür entscheiden und das Alte erkennen und dankbar verabschieden.

Wenn wir uns entschieden haben, konkret mitzuwirken an dem Übergang in die Neue Zeit, ist der direkteste Weg dafür, dass wir die vielen Entscheidungen, die täglich möglich sind, erkennen und dann handeln, auch wenn wir noch keine Absicherung dafür haben. Es wird öfter so sein, dass es keine Absicherung gibt für einen neuen Schritt, aber das gehört dazu, denn das Neue entsteht unter Umständen erst durch Sie.

Ich werde Ihnen im Folgenden für einige Lebensbereiche die Handlungen der alten Zeit (im Geist der letzten 2000 Jahre) und die Handlungen der Neuen Zeit aufzeigen, damit Sie konkret selbst entscheiden können, was Sie lieber leben wollen, und sich leichter erinnern, dass es jetzt auch anders gehen könnte.

Und je mehr wir uns für das Neue entscheiden, was zum Wohle aller fühlenden Wesen ist, umso mehr und vielfältiger wird das Neue durch jeden Einzelnen entstehen.

Die Themen sind nur kurz angedacht, bitte machen Sie sich selber darüber weitere Gedanken, es sind alles nur Impulse, keine festen Vorgaben.

Es gibt heute keine festen Regeln mehr und auch niemanden, der die Wahrheit vorbetet, die hat nur jeder selbst in sich. Alles ist im Wandel und möchte ganz individuell erfahren werden, und was gestern gestimmt hat, stimmt schon gleich nicht mehr. Die Wahrheit wird von jedem Einzelnen in jedem Moment durch eine wache Intuition und ein offenes Herz erkannt.

Dennoch gibt es eine konstruktive gleiche Richtung: die, die allen Teilnehmern der Menschengemeinschaft gut tut. Der Wechsel, der gerade stattfindet, führt von der alten Macht zur ursprünglichen Ordnung, von der mentalen, konstruierten Macht hin zur neuen Macht, zur gelebten Liebe selbst.

Diese Impulse sollen meine Mitmenschen anregen, neue Ideen in eine neue Zeit zu gebären.

Den Glaubenssätzen, die bisher gewirkt haben, will ich gar nicht allzu viel Aufmerksamkeit geben, damit sie nicht weiter genährt werden, und die Glaubenssätze, die uns ein Leben geben, das harmonisch und friedlich ist, sollen Sie erinnern, wie es eigentlich gedacht ist. Und wenn Sie merken, dass Sie das ganz und gar nicht so empfinden und leben, schauen Sie, warum.

Erfinden und ergänzen Sie die konstruktiven Glaubenssätze weiter und schreiben Sie sie in ein Heft, wenn sie wollen. So programmieren wir unseren Mentalkörper um, und es macht Freude und Mut für die Zukunft.

Beruf in der alten Zeit

Arbeit war eine Art notwendiges Übel, gut schien es zu sein, wenn jemand etwas machte, was viel Geld ergab und was nach außen eine gute soziale Stellung zeigte.

Auf innere Berufung wurde meistens nicht geachtet, der Sohn eines Arztes sollte wieder Arzt werden, weil es sich so gehörte, und ob er dafür überhaupt die inneren Fähigkeiten und das nötige Herz und die Leidenschaft hatte, wurde gar nicht beachtet.

Üblich zu arbeiten waren acht Stunden am Tag, oder mehr. Oftmals waren das acht Stunden, mit denen man nicht ganz zufrieden war, oder sogar absolut nicht zufrieden war, und das Leben ging dann am Feierabend los, oder im Urlaub, oder gar nicht.

Aus Angst, die vermeintliche Sicherheit einer Arbeit zu verlieren, wurden viele falsche Kompromisse gemacht, der Chef oder die Kunden wurden nicht geachtet, sie wiederum achteten einen auch nicht, aber jeder setzte morgens das 'freundliche Gesicht' auf, das so tat, als sei man einverstanden mit dem Gegenüber. Das tat schon lange niemandem mehr gut und endete in vielen Fällen in Resignation, Krankheit, Streit und/oder Burn-out.

Außerdem hatten wir in dieser falschen Atmosphäre immer Angst, dass es jemand anderen geben könnte, der dieselbe Tätigkeit viel besser beherrscht als wir und der auch noch weniger Geld dafür verlangt, und wir daher jederzeit ersetzbar sind.

Dieser Druck wurde immer stärker und zeigt jetzt deutlich, dass es eine Umkehr braucht – nicht in noch mehr Anpassung und Druck, oder?

Nur mit einem wahrhaftigen Ausdruck der eigenen Gefühle kann ein stimmiges Umfeld wieder geschaffen werden.

Glaubenssätze in der alten Zeit

Beispiele:

„Arbeit ist ein notwendiges Übel."

„Ich muss die acht Stunden am Tag durchhalten, das müssen alle anderen ja auch."

„Nur wer hart arbeitet, wird auch was verdienen."

„Mit 65 Jahren bin ich ja dann erlöst, die letzten 15 'Jährchen' gehen auch noch rum..."

Beruf in der Zeit des Übergangs

Ich hoffe, Sie stimmen mit mir überein, es geht nicht darum, sich noch mehr zu verbiegen, weil angeblich die Arbeitsplätze knapp werden, sondern ehrlicher zu werden, die eigenen Bedürfnisse zu achten und dafür einzustehen. Wenn Sie das kommunizieren, werden Sie sich auf diese Weise ein Umfeld erschaffen, das in Harmonie mit Ihnen schwingt.

Wenn Sie ausdrücken, was Sie brauchen und auf respektvolle Arbeitgeber treffen, dann wird es sich immer konstruktiver entwickeln können. Wenn Ihre Bedürfnisse an Ihrem Arbeitsplatz nicht berücksichtigt werden, und auch niemand daran interessiert ist, wie es Ihnen wirklich geht, dann verändern Sie etwas. Vertrauen Sie, dass es einen geeigneteren Platz für Sie gibt, dass das Universum etwas Besseres für Sie bereit hält, und bemühen Sie sich aktiv um einen besseren Ort, wo Sie gerne arbeiten wollen.

Das ist die Umkehr im täglichen Miteinander, auch in Arbeits-Beziehungen. Werden Ihre Bedürfnisse respektiert? Wenn nicht, sind Sie in einem nicht wertschätzenden und auf Dauer krankmachenden Umfeld.

Wenn Sie jetzt wissen, dass Sie eine Arbeit haben, die Ihnen nicht wirklich entspricht und die Ihnen auch so nicht gefällt, dann fangen Sie doch langsam an, das, was Sie mögen, mehr zu lernen, mehr Raum dafür einzurichten und dadurch eine Chance zu erschaffen, dass es sich Schritt für Schritt mehr verwirklicht.

Indem Sie dem, was Ihnen wirklich Freude macht, mehr Aufmerksamkeit zukommen lassen, wird sich das durch das Gesetz 'Energie folgt der Aufmerksamkeit' automatisch vermehren, und das Leben selbst wird Chancen anbieten, das Gewünschte konkret zu integrieren.

Was? Sie glauben nicht daran, dass es das gibt, dass Arbeit Sie wirklich erfüllen könnte? Dann arbeiten Sie an Ihren Glaubenssätzen.

Überlegen Sie mal, was Sie über Arbeit denken, und wann sich das geprägt hat, wodurch das entstanden ist – überprüfen Sie das mal, lassen Sie unterdrückte Gefühle dazu fließen, und erweitern Sie sich wieder etwas mehr. Halten Sie wieder etwas mehr für möglich und Sie werden sehen, dass es möglich wird.

Mobbing oder Ähnliches findet nur statt, weil wir nicht vertrauen, dass es für jeden den richtigen Platz gibt, ohne dass jemandem etwas fehlt oder weggenommen wird. Es ist für alle genug vorhanden, und es gibt für jeden den richtigen Platz. Und im Übrigen ist hier das Problem wieder nicht außen, sondern innen. Nach dem Gesetz der Resonanz haben Sie genau das in Ihrem Leben, was Sie unbewusst erwarten, oder denken.

Auch hier sind energetische Blockade-Lösungen wie Aufstellungen, Kinesiologie oder Releasing hilfreich. Sollte Ihnen das Thema begegnen, dass Sie öfter das Gefühl haben, nicht am richtigen

Platz zu sein, so erforschen Sie Ihren Platz in der Ursprungs-Familie, der Familie mit Vater, Mutter, Geschwistern.

Der richtige Platz geht zuerst von der Familie aus, wo Sie Ihren richtigen Platz einnehmen sollten, was nicht heißt, dass Sie mit allem einverstanden sein müssen, was da passiert ist. Sie dürfen auch Zorn und Verzweiflung ausdrücken, aber Ziel ist, am Ende mit dem Ganzen in inneren Frieden zu kommen. Die Eltern sind so etwas wie der Inkarnations-Schlüssel.

Das Verstehen des Schicksals der Eltern, bzw. sie zu achten, so, wie sie waren und was ihr Schicksal war, schafft Frieden in der Seele und dann auch mit der Welt. Wenn hier Ordnung wieder fließt, wird lange vorher Kreiertes aufgelöst.

Oft traut ein Mensch sich unbewusst nicht, es sich besser gehen zu lassen, als es den Eltern oder Großeltern vorher ging, um dazuzugehören. Das sollten Sie mal berücksichtigen und neu entscheiden, bzw. eine Aufstellung dazu machen, die sehr hilfreich sein kann.

Wenn Ihr Vater oder Ihre Mutter sich beruflich nicht erfüllen konnten, achten Sie deren Schicksal und deren Verantwortung, und erlauben Sie sich selbst, wieder Glück zu haben.

Wenn die Blockaden gelöst sind und Sie auf Ihr Herz hören und dem Fluss des Lebens folgen, der Sie trägt, werden Sie genau den richtigen Platz finden, der für Sie bestimmt ist, und da werden Sie sich wohl fühlen und erfüllt und sicher. Sie werden lernen und daran wachsen und wissen, dass das der richtige Platz ist.

Aus angeblichem Arbeitsplatzmangel werden so mehr Selbständige, die ganzheitliche Ideen, aus ihren Talenten, aus der Liebe geboren, zum Wohle der Erde und ihrer Bewohner einsetzen.

Das alte System will uns derzeit noch weismachen, dass es nicht genug Arbeitsplätze für alle gibt. Nein, es gibt vielleicht nicht mehr genug in der alten Weise, aber so viele Lebensbereiche, wie das Schulsystem, das Gesundheitswesen, das Finanzsystem, etc. brauchen Erneuerung, und da wartet viel Arbeit auf Visionäre mit frischen, liebevollen Energien und Handlungen.

Wagen Sie es und glauben Sie daran, dafür machen wir uns jetzt auf den Weg in die eigene Bestimmung!

Berufung in der Neuen Zeit

Ab jetzt machen Sie das, was Ihnen am meisten Freude bereitet, was Ihren Talenten entspricht und was allen Beteiligten nur gut tut und ethisch gut vertretbar ist. Sie mögen die Menschen, mit denen Sie zu tun haben, und das Zusammentreffen ist Erfüllung und gegenseitige Förderung und Bereicherung.

Ein ideales Verhältnis von Arbeit und Freizeit wäre sechs Stunden Arbeit und sechs Stunden Schlaf; sechs Stunden mit sich selbst sein, sechs Stunden mit der Familie oder Freunden. Hört sich das nicht an, wie ein gesundes Maß? Warum soll das nicht möglich sein für alle?

Positive Glaubenssätze für die Neue Zeit

„Täglich kann ich mich über meine Talente und Berufung optimal ausdrücken."

„Meine Arbeit macht mich glücklich und fördert mein inneres Wachstum."

„Arbeit fordert mich spielerisch heraus."

„Meine Berufung ermöglicht mir, immer mehr Verantwortung mit meinen Mitmenschen zu lernen."

„Meine Arbeit fördert täglich meine künstlerischen Fähigkeiten."

„Das Leben meiner Berufung erfüllt mich mit tiefer Zufriedenheit."

„Ich entfalte mich optimal durch meine Arbeit."

Ist das Ihre Realität? Und wenn nicht, warum nicht? Was hindert Sie daran, das so zu erleben? Indem Sie diesen Fragen auf den Grund gehen, machen Sie sich Ihre alten Muster bewusst und können sie ändern.

Partnerschaft in der alten Zeit

Partnerschaften waren vor allem Zweckgemeinschaften mit einer Menge unausgesprochener, aber wirksamer Verträge, mit unbewussten Erwartungen und sozialen Zwängen. Die Frau sagte zum Beispiel zum Mann: „Du versorgst mich finanziell, und ich bin dafür häuslich und gebe dir mütterliche Wärme". Das bringt natürlich nicht gerade eine prickelnde Mann/Frau-Energie, war aber das, was sehr viele Paare lebten. Da trafen sich nicht erwachsene Männer und Frauen, sondern unerlöste Kinder, die sich gegenseitig mit ihren Themen aneinander abarbeiteten oder unerfreulich Kinderdramen wiederholten.

In Partnerschaften wurde versucht, das auszugleichen, was mit Vater und Mutter schiefgelaufen war, und so hat man an den Partnern das ausagiert, was eigentlich mit den Eltern geklärt gehört hätte. Dadurch, dass es unbewusst war und an der falschen Stelle landete, löste sich nichts, es wiederholte sich nur immer wieder das ursprüngliche Drama. Der aus der Kindheit mitgebrachte Zorn, die Ohnmacht, das Misstrauen, die Missachtung und unbewusste Rache wurden in der sogenannten Liebesbeziehung ausagiert.

Tatsächlich wurde die gegenseitige Anziehung durch ähnliche Themen sogar als Verliebtheit angesehen.

Manchmal war auch wirklich Liebe da – wenn aber dann nicht das, was die Beziehung oder Begegnung sichtbar machte, genutzt wurde, um die ursprünglichen Themen aktiv mit Bewusstheit zu erlösen, wurde aus der anfänglichen Anziehung, aus der hätte Liebe werden können, meist ein Machtspiel oder unbewusstes Gegeneinander, anstatt ein unterstützendes Miteinander. Dabei blieben Lebendigkeit und wahre Verbundenheit total auf der

Strecke. Da man sich ja aus den unterschiedlichsten Gründen, Ängsten, Abhängigkeiten und Vereinbarungen brauchte, führte man trotzdem fort, was schon lange keinem mehr gut tat.

Die meisten Partnerschaften, die so aus dem Funken der Liebe entstanden, wurden zu einem Schauplatz von Machtspielen, gegenseitiger Unterdrückung und Beschuldigungen. Beziehungssucht, Sexsucht und Co-Abhängigkeit waren das Resultat. Das war krankmachend, energieraubend und zerstörerisch, aber da es Alltag in vielen Partnerschaften war, fiel es erstmal gar nicht auf.

Es war ein Drama, was weiterreichende Folgen hatte, und den Glauben an die wahre und reine Liebe immer schwieriger machte. Ich will das gar nicht weiter vertiefen, weil es ein Trauerspiel war, und die Liebe selbst so sehr missbraucht wurde.

Chuck und Lency Spezzano haben hierzu sehr hilfreiche Bücher geschrieben, die unsere Ego-Mechanismen und Blockierungen aufzeigen. (z.B. 'Wenn es verletzt, ist es keine Liebe.')

Partnerschaften in der Zeit des Übergangs

Wenn dieses Drama erkannt wird, das auf dem Rücken der sogenannten Liebe ausgetragen wird, sollte das Motivation genug sein, nach innen zu gehen, die alten Prägungen aus der Kindheit anzuschauen, und verantwortlich und erwachsen zu werden.

Die Beziehungsart und Beziehungsfähigkeit der Menschen wird in der Kindheit mit Vater und Mutter geprägt, und das, was da unbewusst verinnerlicht wird, wird in späteren Paarbeziehungen wiederholt.

Sie fangen an, aus diesem Teufelskreis auszusteigen, indem Sie bei allem, mit dem Sie konfrontiert sind und was Sie mit Ihrem

Partner unangenehm erleben, immer bei sich selbst schauen, und zwar erst einmal ohne zu verstehen, warum es gerade so ist.

Nach dem Gesetz der Resonanz haben Sie diesen Partner angezogen, weil er Ihnen etwas zeigt, was Sie auch in sich haben, aber gerade an sich selbst nicht erkennen können. Der Partner ist ein Spiegel; Sie schauen sich selbst an in allen Begegnungen, die Sie haben.

Kurz zur Wiederholung: bearbeiten bedeutet, bei sich zu bleiben und nicht jemand anderem die Schuld zu geben, alle Gefühle zuzulassen, sie zu achten oder zu trösten. Es hilft sehr, wenn Sie diese Gefühle bemerken, sich gleichzeitig nicht mit ihnen zu identifizieren, aber Verantwortung für sie zu übernehmen.

Wenn Sie selber mit etwas gerade nicht klarkommen, oder bestimmte Gefühle Sie überfordern, holen Sie sich Hilfe und lassen Sie erst einmal den Partner damit in Ruhe. Er hat zunächst nur einmal etwas ausgelöst, was einen in Ihnen bereits vorher vorhandenen Schmerz, Trauer, Zorn, Angst oder Enttäuschung geweckt hat.

Nach dem Gesetz der Resonanz zeigt Ihnen dieser Partner Dinge, die Sie an sich selbst nicht wahrnehmen konnten, die Sie aber jetzt durch den Spiegel des Partners erkennen können.

Seien Sie dankbar dafür, es ist eigentlich ein Geschenk, wenn Sie klarer auf die Disharmonien schauen können und sie nutzen, um sich selbst zu heilen. Und dann zu entscheiden, ob die Beziehung noch konstruktiv ist, ob sie noch dieselben gemeinsamen Ziele haben, oder nicht.

Sie sehen zum Beispiel im Anderen Aggressivität oder Destruktivität und schauen ab jetzt bei sich selber. Wo ist da bei Ihnen selbst die Aggression, die Rache, die Angst, der Widerstand, den Sie im Anderen wahrnehmen?

Es ist vielleicht erst einmal unangenehm, dass das alles in Ihnen selbst sein soll – aber das Gute daran ist, wenn Sie sich so um sich selber kümmern, sind Sie nicht mehr Opfer der Situation. So sind Sie nicht mehr angeblich von außen blockiert, und jede Änderung, die Sie in sich selbst vornehmen, wirkt auch auf das System, in dem Sie sich befinden. Wenn Sie also wünschen, dass Ihr Partner sich ändert, ändern Sie zuerst sich selbst, und Sie werden sehen, dass nur so Veränderung eintreten kann.

In der Kindheit waren Sie so manchem wirklich ohnmächtig ausgeliefert, aber je mehr Sie erkennen, dass ein Muster aus der Kindheit wiederholt wird, können Sie aus der Ohnmacht aussteigen und sehen, dass ein Anteil eines inneren Kindes erlöst werden möchte. Machen Sie sich bewusst, nachdem Sie Trost und Zuwendung gegeben haben: heute können Sie handeln, und so verwandelt sich Ohnmacht in Handlungsfähigkeit, hervorgebracht durch die Beziehungsschwierigkeit.

Allerdings ist nicht immer das, was Sie am Anderen sehen zu 100% auch bei Ihnen so, nein, so einfach ist dieses Erdenspiel auch wieder nicht. Manchmal ist es auch eine Art Komplementär oder Gegenteil, um Ihnen zu zeigen, dass da etwas nicht im Ausgleich ist. Zum Beispiel haben Sie einen Partner, der nur an sich denkt, der nur seine Wünsche, Bedürfnisse und Vorstellungen umsetzt, und Ihre werden gar nicht gesehen.

Jetzt kann es sein, dass so ein Extrem sich zeigt, weil Sie überhaupt nicht an sich denken, sich selbst gar nicht sehen und nur den Anderen glücklich machen wollen. Nach dem Gesetz des rechten Maßes will im Universum immer alles im Ausgleich sein, und in dem Fall komplementiert sich etwas. Was das Jeweilige ist, was sich als Disbalance zeigt, dürfen Sie selbst herausfinden. Es ist manchmal kniffelig, das herauszufinden, aber spannend, meistens allerdings ist etwas Ähnliches auch in Ihnen.

Ideal ist, wenn beide Partner bei sich selbst bleiben und dort schauen, dann ist es ein optimales Miteinander-Wachsen. Aber auch, wenn erst einmal nur einer dazu bereit ist, ist die Möglichkeit gegeben, dass sich etwas verändert. Diese Art, mit Beziehungen umzugehen, liefert Ihnen tägliche innere Klärungsarbeit, Läuterungs- und Reinigungsmöglichkeit.

Und da die wichtigste aller Beziehungen die zu uns selbst ist, können wir im täglichen Leben immer wieder an den anderen sehen, wie liebevoll, schützend, achtend, mitfühlend, etc. wir mit uns selbst und unseren Bedürfnissen umgehen und daran erkennen, welche innere Arbeit gerade ansteht. Alles, was Sie aufregt, ist etwas, was Sie offensichtlich an sich ändern möchten. Sie bemerken es, bzw. es regt Sie auf, weil Sie sich in dem Punkt Heilung wünschen. Positiv gesehen will alles, was wir da so im Leben anziehen, uns helfen, ein Stück mehr ganz zu werden.

Wichtig dabei ist auch vor allem, diese Gefühle nicht persönlich zu nehmen, sondern einfach bereit zu sein, mit dem Partner alles ehrlich anzusprechen, sich selbst so anzunehmen und dadurch verwandeln zu lassen.

Uns diese vielen, bisher ungesehenen Anteile jetzt bewusst zu machen, ist die Chance unserer Zeit, und so dient sie einem gesünderen Miteinander von Frau und Mann in besseren Partnerschaften.

Die letzte Entwicklung war eher so, dass die Frauen sich gesagt haben, „was die Männer können, können wir schon lange", und sind dadurch vermännlicht und haben den Bezug zu der eigenen

Weiblichkeit verloren. Um Erfolg in der Geschäftswelt innerhalb des patriarchalen Systems zu haben, hat frau sich einen Geschäftsanzug angezogen und sich intellektuell und taff präsentiert, dafür aber ihre Emotionalität und Empfindsamkeit verleugnet. Der Preis jedoch, den Zugang zur eigenen Weiblichkeit verloren zu haben und sich selbst zu verleugnen, ist hoch. Unsere gesamte Welt hat diesen Zugang verloren – aber frau kann diese Entwicklung umkehren und wieder Wert in die weiblichen Attribute legen.

Wirklich neu wäre es, wenn die Neue Frau, oder der Neue Mann einen Business-Vortrag vor Geschäftsleuten hält und wirklich Schwäche eingesteht, oder Tränen zeigt, wenn es eben gerade so ist. In Wahrheit ist es Stärke, Schwachstellen und Fehler zuzugeben, und das wäre ein wahres Vorbild, was es bedeutet, ein menschlicher Mensch zu sein.

Die ganze Welt braucht wieder Mitgefühl, Weichheit, Umsorgen und Einfühlsamkeit, und das sind in erster Linie weibliche Werte, denen frau wieder Gewicht geben kann. Indem sie diese Werte in sich wieder pflegt und bewusst achtet und Wertschätzung dafür einfordert, wird sich etwas verändern.

Im Patriarchat hatte das keinen Platz, eine einfühlsame, umsorgende Frau wäre dankbar benutzt, aber nicht weiter beachtet worden, ein einfühlsamer Mann missachtet und belächelt worden. Was die Männer auch sich selbst damit angetan haben, ist wirklich grausam.

Und gerade deswegen ist es an uns Frauen, diese Werte wieder ins Leben zu bringen, und die Werte sind ja alle noch da, auch in jedem Mann in seinem offenen und mitfühlenden Herzen, aber die Frau ist erst mal durch ihre 'Fühl-Fähigkeit' näher dran, diesen Schritt zu tun und den Mann dahin mitzunehmen und dazu zu ermutigen.

Das Intuitive, das weibliche Prinzip, wird von dem konkreten Handeln, dem männlichen Prinzip, unterstützt. Das ist der konstruktive Kreislauf des Erschaffens.

So sieht man, da der Impuls ein weibliches Attribut ist und zuerst da ist, und die Handlung, die dem männlichen Archetyp zugeordnet wird, im Idealfall aus diesem Impuls folgt, dass in der ursprünglichen Ordnung das Männliche dem Weiblichen dient.

Das Männliche muss erst einmal den frischen Impuls achten und kann erst dann in eine konstruktive Aktion treten. Es geht dabei nicht um besser oder schlechter, sondern um das Achten der natürlichen Ordnung, wie sie eben ist.

Hierbei handelt es sich um den neuen Weg, den man grundsätzlich als eher weiblich betrachten könnte, weil er aus einem frischen Impuls entsteht, den es vorher noch nicht gab. Bisher handelte man eher nach Regeln oder Gewohntem, jetzt geht es darum, aus dem Moment neu und frisch zu spüren, was gebraucht wird.

Diesen Moment auszuhalten, wo nicht gewusst wird, was dran ist, ist nicht so einfach, aber genau in diesem Moment des Nicht-Wissens, und indem man diesem Moment Raum lässt, entsteht der richtige Impuls, der gerade gebraucht wird.

So ist es natürlich auch in der eigenen inneren Ordnung. Das innere Weibliche ist wach mit der inneren Stimme verbunden, und der innere männliche Anteil achtet das und handelt danach. Ein Mann, der mit einer Frau zusammen ist, die gut mit ihrer Intuition verbunden ist, hat eine wahre Frau gefunden, die er wertschätzen sollte – und wenn er klug ist, lernt er von ihr.

Ken Wilber hat dazu etwas sehr Klares gesagt: „Nehmen Sie, Sie und ich die Hand der weisen Frau und lassen sich von ihr in Ihre Seele führen, eine sicherere Hand werden Sie in diesen Zeiten nicht finden.“ Denn es gibt Sicherheit, sich auf seine Intuition verlassen zu können.

Frau darf sich nicht mehr am Partner orientieren, und auch umgekehrt nicht, beide richten sich auf das Wesen 'die Neue Frau', bzw. 'der Neue Mann', aus und werden von dieser Energie angeleitet und geführt, um das individuell umzusetzen, wie es im neuen Zeitgeist gedacht ist.

Wir haben dafür kaum Vorbilder, aber wir können uns entscheiden, uns auf dieses unsichtbare, aber vorhandene Feld einzulassen. So kann jeder, angebunden an eine konstruktive Ausrichtung auf das Neue, freiheitlich in Partnerschaft das Gleichberechtigte verkörpern.

Das heißt, erst darf die innere Hochzeit zwischen einem gesunden und lebendigen inneren weiblichen Teil und einem gereiften und geläuterten inneren männlichen Anteil in jedem einzeln stattfinden, und dann finden sich zwei Menschen, die in sich ausgewogen sind und sich gegenseitig achten und fördern.

Sie haben beides in sich harmonisiert und ergänzen sich optimal. Das ist wahre Freiheit in gegenseitiger Wertschätzung und Verbindlichkeit.

Jetzt geht es wieder darum, zu erfahren, was es heißt, sich wirklich aufeinander einzulassen und sich wirklich wieder verbindlich zueinander zu bekennen. Nehmen Sie alles an, was sich zeigt, seien Sie selbstverantwortlich und ohne Schuldzuweisung und schmeißen Sie nicht schnell wieder das Handtuch.

Eine Verbindlichkeit, ein absolutes Engagement ist angesagt, um gemeinsam aus der Misere der tiefen gegenseitigen Verletzungen zwischen Mann und Frau wieder herauszukommen.

Beziehungen sollte wieder die Heiligkeit verliehen werden, wie sie gedacht sind – zur gegenseitigen Unterstützung.

Die Voraussetzung dafür ist gegenseitige Achtung und Ehrlichkeit. Das schafft den Boden, die tiefsten Ängste und Unsicherheiten, die zwangsläufig in nahen Beziehungen hochkommen, zu nutzen und daran innerlich zu wachsen. Bisher hat man sich eher mit Oberflächlichkeit aneinander vorbeigemogelt.

„Bis dass der Tod uns scheidet" als grundsätzliche Regel ist ebenso überholt, wie unbedingt jedes Jahr eine neue Beziehung zu beginnen; wie lange das Einlassen dann sinnvoll ist, wird das Leben selbst zeigen, und der Fluss der Energie macht deutlich, wie und ob es miteinander weitergeht.

Anstelle der bisherigen Abhängigkeit werden wir uns mit Vertrauen und Einlassen wieder heilen, und das schafft wieder die Sicherheit und gleichzeitig Lebendigkeit, die viele mittlerweile unterwegs verloren haben.

Das ist für mich der Auftrag der Zeit, das wird uns helfen, die alten überholten Beziehungsstrukturen wirklich zu überwinden, und die Wunden, die aus der Unverbindlichkeit und Oberflächlichkeit heraus entstanden sind, wieder zu heilen.

Ich gebe hier keine neuen Regeln vor, schauen Sie einfach für sich, was da für Sie stimmt und entwickeln es weiter, aber ich sehe viel Verwirrung zwischen Mann und Frau, und die Verbindlichkeit wird uns da wieder herausführen können.

Wenn wir Partner haben, denen wir wieder vertrauen können, und die wir finden werden, weil wir selbstverantwortlich und selbst-reflektierend wieder uns selbst vertrauen können, dann können wir auch harmonisch miteinander leben.

Partnerschaft in der Neuen Zeit

Beziehungen sind da, um den Anderen zu unterstützen, in sein volles Potential zu gehen, und entweder miteinander ein verstärkter Kanal zu sein für eine gemeinsame Seelenaufgabe, oder sich gegenseitig durch die wahre gefühlte Liebe an das Göttliche immer mehr hinzugeben.

Hier ein Text dazu, der die eigentliche Absicht von Partnerschaften deutlich macht.

> » Wenn ihr euch auf bewusster Ebene beide darin einig seid, dass der Zweck eurer Beziehung darin besteht, dass ihr eine Gelegenheit, keine Verpflichtung erschaffen wollt für Wachstum, für den vollen Ausdruck des Selbst, für ein Leben, das sich zu seinem höchsten Potential aufschwingt, für die Heilung jedes falschen Gedankens oder jeder minderen Vorstellung, die ihr von euch hattet und für die letztliche Wiedervereinigung mit Gott durch die Kommunion eurer beiden Seelen – wenn ihr diesen Schwur leistet anstelle der Versprechen, die ihr euch bisher gegeben habt — dann hat die Beziehung auf einer sehr guten Grundlage begonnen. Dann ist sie richtig eingeleitet, hat sie einen sehr guten Anfang gemacht. «

(Neale Donald Walsch, Gespräche mit Gott, Band 1, S. 216)

Positive Glaubenssätze zur Partnerschaft

„Ich lebe in einer glücklichen und erfüllten Liebesbeziehung, die stetig glücklicher, interessanter und heiler wird."

„Männer/Frauen sind mir wohlgesonnen."

„Ich bin der ideale Partner für meinen Partner."

„Ich nehme meinen Partner so an, wie er ist, und ich werde von meinem Partner so angenommen, wie ich bin."

„Ich habe eine gute Liebesbeziehung verdient."

„Ich fühle mich mit meinem Partner in vollkommener Sicherheit, er schützt und liebt mich."

Ist es so in Ihrem konkreten Leben? Wenn nicht, haben Sie noch innere Aufräumarbeit, um da hinzukommen. Aber wenn ein so schönes Ziel möglich wird, gibt das doch Motivation weiterzumachen!

Andere Beziehungen in der alten Zeit, zum Beispiel im Beruf, im täglichen Miteinander

Ein Gegenüber wurde aufgrund von Position, Hierarchie oder Amt angeschaut und bewertet, nur in Bezug auf das, was es gesellschaftlich darstellte. Jeder spielte da so seine Rolle und versuchte vor allem, seine Machtposition durch Zugehörigkeit, Geld oder Ansehen zu behaupten, um sich durchzusetzen, oder um eine unbewusste Scheinmacht aufzubauen, durch Uniform, Position oder Titel.

Eigentlich versuchte man sich so vor Verletzung, Ablehnung, Durchschaut-Werden, Kritik oder Angriff zu schützen.

Das war allerdings keine wahre Begegnung, wo es um Spüren, Wertschätzen oder Lernen ging, sondern man war in der jeweiligen Rolle gefangen und agierte festgefahren und automatisch, wie es gegenseitig ohne Worte erwartet wurde.

Andere Beziehungen in der Zeit des Übergangs

In der Zeit des Übergangs geht es vor allem um die Frage: „Bin ich in einem Umfeld, das konstruktiv mit mir umgeht?"

„Bin ich in einem Umfeld, das an mir und meinen Bedürfnissen interessiert ist? Bin ich in einem Umfeld, das mich als Mensch wahrnimmt, respektiert und meine Gefühle achtet?"

Wenn Sie diese Punkte nicht mit Ja beantworten können, dann fragen Sie sich, aus welchen Gründen Sie ausharren, und welche Glaubenssätze damit verbunden sind.

Welche Angst oder Begrenzung möchte bewusst werden, um transformiert zu werden?

Beispiele:

„Ich bin es nicht wert, achtungsvoll behandelt
zu werden.“

„Ich habe nicht genug Bildung, um dazuzugehören.“

„Ich bin unwürdig“, ...

Fühlen Sie die Glaubenssätze, um die es bei Ihnen persönlich geht, arbeiten Sie mit der Inneren-Kind-Arbeit daran und erhöhen Sie so Ihre Veränderungsmöglichkeit und Zukunftsqualität.

Andere Beziehungen in der Neuen Zeit

Ob es um Geschäftsbeziehungen, Liebesbeziehungen oder andere Beziehungen geht: in der Neuen Zeit geht es immer um Win-win-Beziehungen, das heißt, beide spüren und wissen, dass sie durch die Verbindung gleichermaßen mit Freude erfüllt werden und dass die Verbindung absolut freiwillig ist.

Wir Menschen sind im Grunde unseres Herzens sehr gleich, wir brauchen alle dasselbe, um glücklich zu sein. Wir brauchen es, geachtet und gesehen zu werden.

Alle Beziehungen dienen dazu, die göttliche Ordnung der Liebe auf der Erde zu leben und so zu erfahren.

Das konkrete Miteinander zeigt, wo wir stehen und was wir noch verändern dürfen, um die Harmonie herzustellen und mehr Liebe ins Leben zu bringen.

Die Neue Frau - der Neue Mann

Frau und Mann in der alten Zeit

Das Zeitalter des Patriarchats geht zu Ende, und jeder von uns kann gerade daran teilnehmen, Bewusstsein in die alten Denkweisen zu bringen, die aus der Balance gefallen waren.

Der immense Schmerz, den eine Frau trägt, weil in ihr der Wert nicht gesehen wurde, möchte gesehen und gefühlt werden. Eine Frau war gerade mal zum Kinder gebären da, zum Kochen und Putzen gut, und nicht mal das bekam einen besonderen Wert, es war einfach selbstverständlich. Viele Frauen kommen nicht darum herum, die Tiefe dieses Schmerzes zu würdigen.

Kollektiv haben alle Frauen die Missachtung in den Zellen, die zum Beispiel durch die absurde Idee der Erbsünde geprägt wurde, die der Frau eine Generalschuld zuweist. Oder denken Sie mal an die Verfolgung von starken Frauen durch Hexenverbrennung, Ausgrenzungen, oder Unterdrückung der Frau in der Ehe.

Früher wurde Frauen nichtmals zugestanden, Bücher zu lesen, gar zu studieren, oder sich mit Religion zu befassen – oder wie viele Pfarrerinnen kennen Sie?

So lange ist das nicht her, und subtil findet diese Ausgrenzung, Degradierung und Nicht-Wertschätzung immer noch statt. Auch in uns selbst erkennen wir oft das Weibliche, Nährende, Mitfühlende, Weiche nicht an.

Das ist ein Drama, das sich in vielen subtilen und weniger subtilen Geschichten täglich abspielt, bis eine Frau wirklich ihren Wert als Frau wieder erkennt und fühlen kann.

Frauen, die diesen Schmerz öfter spüren, sollten sich Frauen suchen, die diese Thematik gut kennen, damit sie Hilfe bekommen und Mitgefühl und Heilung erfahren können, die heutzutage möglich ist.

Dieser Schmerz zeigt sich oft in Menstruations- oder auch Wechseljahresbeschwerden, oder anderen Frauenkrankheiten. Je bewusster eine Frau sich ihr Schicksal und das ihrer Ahninnen macht und den Schmerz bewusst fühlt, durch Aufstellungen oder andere Heilmethoden, desto weniger muss der Körper diesen Schmerz weiterhin zeigen.

In der Folge der Missachtung war es so, dass das Männliche zwar das Weibliche gebraucht hat, aber nicht wirklich wertgeschätzt hat, es einfach selbstverständlich benutzt hat, bis es ausgesaugt war.

Weil die Frau sich ihres Wertes auch selbst nicht mehr bewusst war, hat sie sich angepasst und versucht, es dem Mann recht zu machen, und so sind beide in Abhängigkeit und Unfreiheit geraten. Es entstanden Suchtthemen wie Arbeitssucht, Beziehungssucht, Sexsucht, die höchste legale zerstörerische Art des Miteinanders. (zur weiteren Ausführung Anne Willson Schaef, Im Zeitalter der Sucht).

In der weiteren Entwicklung der letzten 20 Jahre versuchten Frauen die Unterdrückung zu entlarven und taten so, als könnten sie auf die Männer verzichten. Sie nahmen selbst das männliche Verhalten an, um nicht mehr degradiert zu werden. Immerhin ließ frau sich nicht mehr benutzen, dieser Trend ging allerdings auf Kosten der urweiblichen, weichen, nährenden Attribute, an denen es auf dieser Erde allen so mangelt.

Wenn nicht die Frau beginnt, die in sich wohnenden weiblichen Attribute wie Mitgefühl, Intuition, Nähren, Wärmen, Hingabe,

Demut, zu schätzen und zu schützen, wer soll sie sonst in die Welt bringen und den Wert darauf lenken?

Frauen sind jetzt dazu aufgefordert, diese Werte wieder zu erkennen und sie nur noch da zu geben, wo sie auch definitiv wertgeschätzt werden, und damit wird der Wert allen wieder bewusst und wird ansteigen.

Eine Frau sollte sich vor allem auch sexuell nicht mehr so schnell hergeben, um deutlich zu machen, dass Zärtlichkeit, Sexualität und Zuwendung ein wichtiger Wert sind. Abgesehen davon, dass es keiner Frau seelisch gut tut, wenn sie sich unter ihrer Würde verschenkt.

Zumal Intimität und Sex als körperlicher Ausdruck von Liebe eben auch nur in einen Raum von Liebe gehören. Wie oft ist heutzutage wirklich die Liebe anwesend, wenn es um Sex geht? Daran krankt die ganze Gesellschaft, und Bewusstmachung ist gerade an dieser Stelle sehr wichtig, damit die Beziehung zwischen Mann und Frau wieder heil wird.

Frau und Mann in der Zeit des Übergangs

Da das Patriarchat von Männern erfunden wurde, haben sie es gerade etwas schwerer, der Wahrheit ins Auge zu blicken. Es hilft, wenn Männer das Erkennen der Unterdrückung des Weiblichen nicht persönlich nehmen. Üben Sie sich im Hinschauen, ohne Schuld und Anklage zu fühlen. Es war, wie es war – in dem Moment, wo Reue da ist, wird Heilung geschehen.

Wenn Sie, lieber Mann, für ein neues Miteinander bereit sind, selbstkritisch in Veränderung gehen und mitfühlend mit dem weiblichen kollektiven Schmerz fühlen, werden auch Sie wieder Ihren weichen Anteil integrieren können.

Auch Sie, liebe Frau, haben in der Selbstverleugnung und im Selbstverrat sich zusätzlich noch eigene Schmerzen zugefügt. Fühlen Sie das, stehen Sie wieder zu Ihrer verletzbaren, fühligen, weichen Seite. Verzeihen Sie sich, was Sie sich selbst abverlangt haben und erwecken Sie auf diese Weise das Weibliche in Ihnen wieder. Das sind die Neuen Frauen, die die Erde jetzt braucht.

Wir alle können nur heilen, wenn wir unseren Schatten, den eigenen Täter-Anteil, die dunkle Seite der Frau, die dunkle Seite des Mannes, den inneren Richter, den Neid, den Hass, den Selbst-Verrat, etc. in uns annehmen, fühlen und erlösen. Und da haben wir noch einiges zu tun.

Rein therapeutisch kann ich zu diesem Thema sehr empfehlen, den Film 'Die Päpstin' anzuschauen. Wenn Sie ihn, in Verbindung mit Ho'oponopono, mit Bewusstsein schauen und sich sagen: „Wenn ich jemals so einen männlichen Blickwinkel hatte, der soviel Angst vor starken, intuitiven Frauen hatte, dann tut es mir leid.", dann kann dieser Film sehr dazu beitragen, diese Gefühle aus der patriarchalen Thematik, die zwischen uns Frauen und Männern liegt, ins Bewusstsein und in Heilung zu bringen.

Denn erst, wenn die innere Frau und der innere Mann in jedem Einzelnen in Harmonie sind, kann im Außen eine liebevolle, wärmende Unterstützung wieder stattfinden.

In den Urzeiten hat es immer Frauenkreise und Männerkreise gegeben, und die wird es in der Zukunft auch wieder brauchen. Es ist sehr wichtig, miteinander in die eigengeschlechtliche Energie einzutauchen und sich darin gegenseitig zu stärken.

Sicher haben Frauen in den Zeiten des Matriarchats auch nicht in Balance gehandelt und das Pendel zu weit in die andere Richtung gezogen, und weil wir beide Extreme in der

Entwicklungsgeschichte der Erde nun schon hatten, ist jetzt die wirkliche Mitte dran – das heisst die wirkliche Gleichberechtigung zwischen dem Männlichen und Weiblichen in absoluter Klarheit, Ehrlichkeit und gegenseitiger Wertschätzung.

Frauen haben bis heute dieses Gefühl ihrer vermeintlichen ***Wertlosigkeit*** in den Zellen von ihren Müttern und Großmüttern, auch wenn sie scheinbar modern sind und taff im Leben stehen.

Dazu gibt es als passendes Gegenüber viele Männer, die zwar modern sind, aber nicht bemerken, dass sie wiederum eine übertriebene ***Selbstherrlichkeit*** ihrer Väter und Großväter in sich tragen, die auch nicht angemessen ist, obwohl sie scheinbar moderne Familienväter mit erst einmal oberflächlich gleichberechtigten Ansichten sind.

Beides, sowohl die scheinbare Wertlosigkeit als auch die Selbstherrlichkeit, sind, wie schon vorher gesagt, bei sehr vielen Menschen vorhanden, auch wenn wir sie nicht täglich offensichtlich ausagieren. Um dieses Ungleichgewicht zu regulieren, dürfen wir jetzt sehr ehrlich miteinander werden und uns gegenseitig unterstützen, die gesunde Mitte zu finden, die wir alle brauchen, um wahre Liebe wieder in die Beziehungen zu bringen.

Ich kenne viele fortschrittliche Frauen, die immer öfter diese tiefen Gefühle der Wertlosigkeit in sich entdecken. In der alltäglichen Welt fällt das erst einmal gar nicht auf, aber irgendwann kommt der Zeitpunkt, wo diese Zeitbombe zündet, und dann kommt frau um das Hinschauen in diese Thematik nicht mehr herum.

Das viele Wirken der Frau wurde nicht gesehen und war eher selbstverständlich, während das eines Mannes hingegen sichtbar und wertvoll war. Wenn eine Frau sich heutzutage befreit und aus einer unguten Ehe aussteigt, merkt der Mann erst einmal, was er eigentlich hatte und was ihm fehlt, wenn die Frau nicht mehr da ist. Manchmal muss es so weit kommen, und dann ist der Verlust groß.

Da jetzt in der Zeit des Übergangs alles sichtbar wird, wir also nichts mehr verstecken können, vor allem nicht in Partnerschaften, heißt es, Karten auf den Tisch legen und offen und fair handeln. Es geht um gegenseitiges Unterstützen, inneres Wachstum gegenseitig Fördern, dann entsteht wahrliche Gleichberechtigung. Wenn beide Qualitäten wieder gleich viel wert sind, kann jeder seinen Beitrag leisten gemäß seiner eigenen oder der gemeinsamen Lebensaufgabe.

Die Neue Frau und der Neue Mann in der Neuen Zeit

Jetzt, da beide wieder einen guten Zugang zu ihrer Intuition und zu ihrem Herzen haben, werden die Handlungen wieder liebevoll und konstruktiv für alle.

Die Neue Frau ist mit ihrer Intuition verbunden und ihrem Wissen, und fühlt sich sicher und geachtet mit diesen Qualitäten. Gleichzeitig kann sie gesund Grenzen setzen und handeln. Der Neue Mann ist einfühlsam, empfindsam und tatkräftig, auch er hat seine tiefen, inneren Verletzungen in seine Persönlichkeit integriert.

Jeder ist ein Kanal für göttliche Inspiration und ruht in sich, und so verkörpern sie ein Feld, das gesund ist und anderen Schutz und Orientierung gibt.

So entsteht ein kreatives Feld, in dem wahre Lebensfreude, Erfüllung, Wachstum, Gesundheit und für alle hilfreiche Projekte entstehen.

ReueGesang für Männer und Frauen

Männer:
Wir bekennen unser VerGehen:
Wir haben den Frauen ihre LebensVollMacht verweigert
und ihre Gaben geschmäht,
wir haben mit GeWalt ihre Kraft genommen
und ihre heilige Fruchtbarkeit missbraucht.
Wir haben ihr Leid missachtet und ihren Schmerz.

Frauen:
Wir haben die LebensVollMacht von Frauen untergraben
und unsere Gaben eingeschränkt,
uns von unserer Kraft getrennt und unseren Schmerz verborgen.

Männer:
Wir haben uns vor denen gefürchtet,
die nicht wie wir sind...
Wir haben uns geweigert unsere Schwäche zu kennen.
Wir haben Teile unserer selbst abgespalten.

Frauen:
Wir haben uns vor denen gefürchtet, die wie wir sind.
Wir haben uns geweigert unsere Stärke zu kennen.
Wir haben Teile unserer selbst abgespalten.

Männer:
Wir haben uns von der Weisheit der AllMutter abgewandt
und uns geweigert wahrhaftig zu fühlen.

Frauen:
Wir haben die AllMutter verleugnet
und unser Wissen um sie verborgen.

Alle:
Möge die Mutter allen Seins,
die alle Wesen belebt,
unsere Seelen berühren
und uns wieder zu ihren wahren Töchtern und Söhnen
werden lassen.

(aus 'Segen so tief wie die Seele' von Rakuna und Anomatey)

Sexualität in der alten Zeit

Sexualität in der alten Zeit war vor allem männlich geprägt. Männliche Vorlieben, männliche Vorstellungen wurden von Frauen bedient, um den Mann nicht zu verlieren. Auch wenn den Frauen die sexuellen Ideen, Vorlieben und Phantasien der Männer gar nicht gefallen haben, haben sie mitgemacht, aus Angst, dass der Mann sonst woanders hingeht. Viele Frauen wussten nicht einmal, dass das nicht ihrer Art entspricht.

Das männliche System hat sich auch Frauen erschaffen, die immer bereit waren, auch frauenfeindliche, absurde Vorstellungen zu bedienen – der Mann holte sich dort, was er wollte, und er hat das auch als Druckmittel direkt oder indirekt genutzt, da das Angebot da war, im schlimmsten Fall gekauft. Desweiteren diente Sexualität dem Mann oft dazu, Druck abzulassen, den er eigentlich über Gefühle hätte ausdrücken sollen. Da er das aber verlernt hatte, wurde die Sexualität dafür missbraucht, und die Frau gleich mit.

Was für eine verquere Basis für etwas, das mit Liebe, Intimität und Hingabe zu tun hat! Diese abgetrennte Sexualität schaffte eine immer größere Kluft zwischen Mann und Frau, und die Vertrauensbasis wurde bis heute sehr zerstört.

Auch wurde Sexualität durch die Kirchen so weit verunglimpft, dass das Ursprüngliche gar nicht mehr zu spüren war, gänzlich vergessen war.

Sexualität in der Übergangszeit

Die sexuelle Revolution als Gegenbewegung zu der unterdrückten Sexualität der Kirche war der Beginn der Änderung in den neuen Geist der Neuen Zeit. Die 68er Generation hat ihren Beitrag dazu gegeben, um aus den alten, unterdrückenden Strukturen auszutreten, was allerdings ein Extrem war, das den Beteiligten auf Dauer auch nicht gutgetan hat.

Die dann häufig wechselnden Partner, mit denen man sexuelle Phantasien ausgelebt und Tabus gebrochen hat, waren wohl notwendig als extremer Ausgleich zu der vorherigen Unterdrückung. Allerdings war es eine Schein-Freiheit, da die fast anonyme, ausprobierende, entseelte Sexualität schwer mit der Seele zu vereinbaren ist. Sie hat die wirkliche Beziehungsfähigkeit zwischen Frau und Mann nochmals erschwert.

Diese scheinbare Freiheit war so auch nicht gesund, und so sind wir im Übergang noch dabei, uns auf eine gesunde Mitte einzupendeln.

Was wir brauchen, ist die Mitte und Ganzheitlichkeit in der Sexualität, alle Ebenen möchten daran beteiligt sein – Körper, Seele und Geist. Der Körper möchte geschützt und genährt sein, der Geist muss damit übereinstimmen, und die Seele mitschwingen können.

Und wieder heißt es, Karten auf den Tisch legen, nichts vormachen, beide, sowohl das Männliche wie auch das Weibliche stecken in alten Konditionierungen fest, es gibt jede Menge gegenseitigen Erwartungsdruck und falsche Vorstellungen. Das alles behindert die reine, fließende Energie, die durch die Sexualität ermöglicht, dass Mann und Frau sich immer tiefer in Hingabe und Liebe verbinden.

Wir müssen uns entscheiden, uns einzulassen und zu prüfen, mit wem wir wirklich verbindlich sein wollen, und auch nur mit demjenigen das Bett zu teilen. Wir müssen uns verpflichten, uns selbst gegenüber ehrlich zu sein und absolut das Gegenüber zu achten. Dann brauchen wir auch keine Angst mehr zu haben vor der Liebe oder dem Missbrauch, weil wir das uns selbst nicht mehr antun.

So wie Geld die manifestierte Energie des Wertes ist, ist die Sexualität die manifestierte Energie der wahren Bindungsfähigkeit. Alles, was sich da zeigt, zeigt, wie weit wir bereit oder in der Lage sind, uns wirklich einzulassen und Nähe zuzulassen.

Wenn also sexuelle Probleme da sind, und die treten immer häufiger zutage, dann stimmt mit der Verbindungsfähigkeit oder Verbindlichkeit etwas nicht. Wir können jetzt etwas für uns und unsere Partner tun, wenn wir mit unserer Angst und unserem inneren Kind verbunden sind, und es vor allem in diesen Bereich mit einbeziehen.

Wie oft treffen sich hier verletze Kinder und spielen ein übles, scheinbar erwachsenes Spiel mit Macht-Missbrauch, Abhängigkeiten und faulen Kompromissen. Viele Beziehungen basieren darauf, den Anderen zu brauchen, sei es finanziell, sei es emotional, sei es sexuell. Hier spielen oft geheime Verträge eine Rolle, in der der unterschwellige Zorn auf den Anderen, den er aus der Papa- und Mama-Beziehung aus der Kindheit mitbringt, ausagiert wird. Gleichzeitig braucht man aber den Partner, und diese Abhängigkeit und Unfreiheit wird dann in unnatürlicher Sexualität ausgelebt, wie Sado-Maso-Spielen, Druck-Ausüben, Impotenz, Verweigerung, Sex-Sucht, oder anderen Spielchen.

Es gibt so viele sexuelle Probleme heutzutage, die fast alle in dieser Unverbindlichkeit begründet liegen und darin, dass Schwächen bisher nicht gezeigt werden konnten.

Und der entscheidende Punkt, der falsch läuft, und der den Frauen nicht mal bewusst ist, ist, dass sie eine männlich geprägte

Vorstellung von Sexualität bedienen, weil sie sie verinnerlicht, und so den Zugang zu ihrer Weiblichkeit verloren haben. Was weibliche Sexualität bedeutet, muss Frau in sich erst wieder ausgraben. Indem sie nicht mehr die männlichen Vorstellungen und Erwartungen erfüllt und stattdessen wieder zu spüren lernt, was sie wirklich im jeweiligen Moment neu braucht, kann sich erst zeigen, wie ihre wahren Bedürfnisse in der Sexualität sind. Das Ergebnis dieses Prozesses ist eine gesunde Basis für beide, aber damit stehen wir noch sehr am Anfang.

Der weibliche Weg ist der des Raum-Lassens ohne Vorstellungen. Es kann sich nur etwas Heiliges entfalten, wenn jeder stimmige Augenblick wahrgenommen und geehrt wird. Das ist erst einmal neu und unbekannt, doch das ist das wahre Abenteuer des Sich-Einlassens.

Eine Frau braucht drei Dinge, um wahre Hingabe geben zu können, die den Mann genau mit dem ernähren kann, was er immer gebraucht hat. Die Basis dafür sind Wertschätzung, Sicherheit und Aufmerksamkeit des Partners. Nur, wenn diese drei Dinge gegeben sind, kann sich der wunderliche Raum wahrer Sexualität erst öffnen und der ist für den Mann gleichermassen erfüllend und ernährend, wie für die Frau.

(sinngemäß nach Judi Sion, Tom Kenyon, Das Manuskript der Magdalena)

Sexualität in der Neuen Zeit

Die körperliche Verbindung von Frau und Mann ist auf einer höheren Ebene dazu da, sich gegenseitig an die heilige Einheit und an den gemeinsamen göttlichen Ursprung in körperlicher Erfahrung zu erinnern. Vertrauensvolle Sexualität dient dazu, dass Mann und Frau sich einen Aura-Schutz geben und gemeinsam so die Verbindung zum Göttlichen immer mehr stärken. So ist die Liebe gemeint.

Positive Glaubenssätze in der Beziehung zu einer heilen Sexualität

„Ich lasse los und gebe mich den sexuellen Gefühlen in Liebe und Sicherheit hin."

„Ich genieße Sexualität und ich habe sie verdient."

„Ich bin liebenswert."

„Ich gebe mich vollkommen hin."

„Ich bin schön."

„Ich danke den sexuellen Energien, dass sie die spirituelle Verbindung nähren."

Geld in der alten Zeit

Geld war ein Machtmittel, ein Unterdrückungsmittel, ein Ausbeutungsmittel, ein Druckmittel, etc.

Sehr viele Gefühle der Ungerechtigkeit, der Nicht-Wertschätzung, der Missachtung sind gekoppelt an die Geld-Thematik. Schulden zum Beispiel zeigen oft, dass die Idee einer Schuld im Familiensystem den Geldfluss belastet bis in viele nachfolgende Generationen hinein.

Geld in der Zeit des Übergangs

Die Gefühle und Themen, die mit dem Geld verkoppelt sind, kann man ideal mit systemischen Aufstellungen erkennen und lösen. Für diejenigen, die sich mit Aufstellungen nicht auskennen: In einer Gruppe von fremden Personen wird das Familiensystem durch Stellvertreter dargestellt. Über das morphogenetische Feld können sich die Stellvertreter in die einzelnen Familienmitglieder hineinfühlen. Es werden die ursprünglichen Gefühle erlebt und gesehen, die damals nie Raum bekamen. Indem das vergangene, unbewältigte Schicksal eines Ahnen nachträglich geachtet und gewürdigt wird, wird der blockierte Energiefluss befreit. Das kann sein, dass da alte Flucht-Themen aus dem Krieg noch unverarbeitet sind, oder ein Geschäftsverlust, oder, oder, oder.

Hier sollte man es sich wert sein, Familienaufstellungen zu machen und die unbewussten Geschichten sichtbar werden zu lassen, damit sie befreit werden und Geld wieder neutral fliessen kann.

In den Aufstellungen sieht man das ganz deutlich: Jeder hat ein Wissen über die Ordnung, wie sie in der Familie gehört. Und wenn da ein Ungleichgewicht war – zum Beispiel jemand hat sexuellen Missbrauch begangen, oder jemand hat sich unehrlich auf Kosten eines anderen bereichert und hat bis heute nicht die Verantwortung dafür zugegeben und getragen, dann geistert anstatt des Themas Verantwortung das Thema Schuld in dieser Familie.

Dann übernimmt ein bestimmtes Familienmitglied in der nächsten Generation, das gar nichts bewusst davon weiß, wiederum die Energie des Täters, und ein Anderer in derselben Familie die Energie des Opfers, bis der Ausgleich stattgefunden hat.

Es lässt sich nichts unter dem Teppich verstecken, alle Wahrheit ist noch da. Das Opfer hat dann höchstwahrscheinlich materielle Schulden, die ursprünglich eine Schuld im Familiensystem waren. Aus der Physik wissen wir, dass Energie nicht verloren geht, und so ist es hier auch.

Wenn hier die Geschichte aufgedeckt wird, die dazu gehört, die Gefühle dazu fließen dürfen und die Ordnung wieder hergestellt wird, indem ein Verantwortlicher für eine Tat seine Verantwortung übernimmt, dann fließt auch die blockierte Materie wieder, und auch die Schulden lösen sich auf.

Es ist natürlich an dieser Stelle wichtig zu sagen, dass nicht das Opfer besser ist als der Täter, beide haben am Ende den Wunsch nach Ausgleich, und wenn gegenseitiges Verstehen da ist, dann kann Harmonie und Frieden wieder einkehren, auch in die Geldangelegenheiten.

Oftmals fühlen wir uns unbewusst schuldig denen gegenüber, die kein Geld haben, und verwehren uns so den Fluss des Geldes. Das kann auch wiederum seine Wurzeln im Familiensystem haben.

Wenn zum Beispiel Vorfahren Krieg, Hunger und Flucht erlebt haben, dann fällt es unter Umständen einem bestimmten

Nachkommen schwer, es sich einfach gutgehen zu lassen, weil er in der Seele weiss, wie schwer es die Vorfahren hatten, und er verwehrt sich das Gute und Leichte, das möglich wäre, aus einer unbewussten Treue ihnen gegenüber heraus. In dieser Familienaufstellung machen Sie dann ein Ritual, um das Schicksal der Ahnen mit Mitgefühl zu würdigen, und dann um den Segen zu bitten, dass Sie es leichter haben dürfen, als die Vorfahren damals. Das befreit von dem unbewussten Mittragen.

Ich erzähle Ihnen eine kleine persönliche Geschichte zu einer Geld-Aufstellung.

Ich wählte eine Stellvertreterin für mich und eine für das Geld, und daraufhin konnte ich sehen, wie ich mich in einer ablehnenden Haltung gegenüber dem Geld befand. Ich befand mich in einer Trotzhaltung, die ausdrückte: „Ich kann auch ohne dich, ich brauche dich gar nicht."

Der Aufsteller, der damals mein Ausbilder für Familienaufstellungen war, sagte: „Wem gegenüber hast du denn diese Haltung?" Und es war sofort klar, dass ich da etwas unbewusst verwechselt hatte, und zwar meinen Vater und das Geld.

Da mein Vater sagte, „Entweder du tust, was ich für dich beruflich richtig finde, oder du kriegst von mir gar keine Unterstützung für das Studium, oder die Ausbildung, die du wählst!", glaubte ich an die vorgegebene, von meinem Vater ausgesprochene Begrenzung. Ich entschied mich dafür, zu lernen, was ich will, und eben in Kauf zu nehmen, kein Geld zu haben.

Erst da bemerkte ich, wie verletzt ich durch diese Art meines Vaters war, und bis zu diesem Zeitpunkt immer noch im Trotz dazu. Die gebundenen Gefühle konnten fließen, Vater und Geld entkoppelt werden, und so kam auch die Energie des Geldes in Fluss.

Ich ließ den Vater Vater sein, ich konnte ihn ja nicht ändern, und das Geld floss besser als jemals zuvor. In dieser Geschichte können sich bestimmt viele wiederfinden. Machen Sie sich mal bewusst, welche Emotionen Sie mit Geld verknüpfen. Welche konkreten Geschichten haben Sie in Bezug auf Geld erlebt, und welche Gefühle sind damit verbunden, die jetzt transformiert werden wollen.

Viele Menschen lehnen Geld zum Beispiel unbewusst ab, da sie damit erpresst oder unterdrückt wurden, oder schmerzhafte Erfahrungen der Ungerechtigkeit gemacht haben, die immer mit Geld verknüpft blieben. Da sie die Gefühle, die damit verbunden sind, nicht fühlen wollen, lehnen sie unbewusst das Geld ab. Ich habe viele Geld-Aufstellungen für Menschen gemacht, die dann eine neue Beziehung zu Geld entwickeln konnten.

Geld hat auch immer die Verknüpfung mit unserem eigenen Wert, und alle Themen, die gelöst werden, die den Selbstwert belasten, lösen auch die Probleme mit dem Geld.

Die Emotionen, der Selbstwert und die Glaubenssätze behindern, dass das Geld fließt. Da Geld ebenso wie alles andere das eigene innere Denken und Fühlen in der Materie widerspiegelt, kann jeder seine persönliche Begrenzung erkennen, um etwas zu verändern. Zum Beispiel, welche Glaubenssätze wirken bei Ihnen zu Geld?

Wie „Geld ist schmutzig", „Geld stinkt", „Geld verdirbt den Charakter" oder „wer Geld hat, ist ausbeuterisch"...

Geld ist eine neutrale Energie, die immer fließen möchte. Jedes Familiensystem prägt das Geld auf seine Weise, und so zeigt es sich dann in Ihrem Leben. Überprüfen Sie alle Glaubenssätze, die Sie zu Geld haben. Ändern Sie Ihre bisherigen Glaubenssätze und geben sich selbst Trost zu dem bisherigen Glauben an Mangel und Begrenzung.

Welche markanten Ereignisse hatten Sie in der Vergangenheit in Bezug auf Geld? Wo sind dazu noch Emotionen gebunden, weil sie nie Raum bekommen haben, oder nicht ausgedrückt wurden?

Welche Prägungen zum Thema Geld haben Ihnen Ihre Eltern oder Familie mitgegeben? Welche Sichtweise oder welchen Glauben haben Sie bezüglich Ihres eigenen inneren Wertes?

Welche Verletzungen haben Sie durch Geld erfahren? Welche Meinung haben Sie zu Geld, und warum?

Bereinigen Sie diese persönliche Geschichte, liebe Leserin, lieber Leser, indem Sie die Gefühle dazu fließen lassen, und geben Sie dem Geld nochmal eine neue Chance in Ihrem Leben.

Geld möchte fließen, und wenn wir dankbar sind für das, was wir dafür bekommen, dann bleibt der Fluss auch bestehen.

Der Glaube, dass Geld begrenzt ist, ist ein Glaubenssatz, der das bestehende System stärkt, aber nicht die Wahrheit ist. Wahrheit ist, dass Fülle immer vorhanden ist und für alle genug da ist.

Unsere größte gemeinsame Verirrung ist die Angst vor Mangel, übrigens in allen Lebensbereichen.

Wenn wir diese unbewussten Gefühle der Angst vor Mangel in uns selbst ans Licht bringen, anschauen, fühlen und transformieren, dann werden wir eine neue Erfahrung bezüglich Fülle machen können.

Geld in der Neuen Zeit

Geld ist Energie, wie Wasser auch, es möchte fließen, nicht gehortet werden. Geld ist Energie, und davon ist genug vorhanden. Geld ist Fülle. Geld ist der manifestierte Ausdruck des eigenen Wertes.

Als Ausdruck von Wertschätzung geben Sie von Herzen das, was Ihnen das wert ist, das Sie bekommen haben, ob Gegenstand oder Dienstleistung.

Im festen Vertrauen, dass Geld nicht angehäuft werden muss, sondern im Fluss ist und bleiben wird, gebe ich gerne und vertraue, dass es so, wie es von mir wegfließt, auch wieder zu mir hinfließen wird.

Mit diesem Bewusstsein für Geld als Ausdruck von Wertschätzung, oder sogar Liebe im unkäuflichen Sinn, wird Geld ein Mittler von freudigem Geben und Nehmen.

Fördernde Glaubenssätze zu einer guten Beziehung zu Geld

„Alles, was für mich wertvoll ist, kann ich mir leisten."

„Ich habe gutes Geld verdient."

„Ich gebe Geld gerne großzügig und mit Dankbarkeit weiter. „

„Ich mag Geld. Ich mag viel Geld."

„Geld macht frei."

„Ich bekomme alles zur rechten Zeit."

„Für mich ist bestens gesorgt."

„Mein Reichtum ermöglicht es mir, ein freies Leben zu führen und andere Menschen zu unterstützen."

„Ich gebe und ich empfange. So bin ich am Kreislauf der Fülle angeschlossen."

„Ich komme gut klar mit Geld, und es wird immer noch besser."

„Das Geld kommt leicht zu mir, oft auch auf ganz unerwarteten Wegen."

„Es gibt für alle alles im Überfluss."

„Ich bin geistig und materiell reich versorgt."

„Ich bin reich beschenkt an Gaben und Talenten und nutze sie."

„Mein innerer Reichtum zeigt sich auch im Äußerlichen."

„Ich ziehe Geld an wie ein Magnet. Ich gebe Geld großzügig und mit Dankbarkeit weiter, weil ich weiß, dass es vielfach zu mir zurückkehrt."

Gesundheit in der alten Zeit

Früher dachte man, es sei Zufall oder Strafe, ob der Mensch gesund ist, oder krank. Gesund zu sein, sei Glückssache.

Und aus diffuser Angst vor eventuellen Schicksalsschlägen, von denen man aus unerfindlichen Gründen heimgesucht wurde, wollte man sich absichern mittels Krankenkassen, Unfall- oder anderen Versicherungen. Für die eigene Gesundheit sollte der Arzt verantwortlich sein.

Gesundheit in der Zeit des Übergangs

Sie sind selbst verantwortlich, ob Sie gesund sind, oder nicht. Es ist mittlerweile klar, dass wir Verantwortung für unseren Körper haben, dass wir gesunde Ernährung, Bewegung und frische Luft brauchen. Das rechte Maß an Herausforderung und Erholung spielt eine große Rolle dabei, ob der Körper krank oder gesund ist. Je nach Veranlagung kann sich das persönlich unterschiedlich darstellen, aber dennoch steht dahinter ein folgerichtiges System, das es zu entdecken gilt.

Die einzige konstruktive Möglichkeit, mit dem Körper umzugehen, ist, selbstverantwortlich und präventiv in der Gegenwart zu sein, und ihm das zuzuführen, was gesund ist, wie gute Nahrung, gutes Wasser, frische Luft, wenig Stress, gesunde Bewegung.

Und falls bereits eine Krankheit vorhanden ist, ist es der Auftrag, daraus zu lernen, was die innere Disharmonie ist, die damit in Verbindung steht. Wenn Sie die Ursache bereinigen, kann der Körper auch wieder gesund werden.

Jedes körperliche Symptom hat eine geistige Ursache, das heißt, Gedanken oder Gefühle, die aus der Balance geraten sind, werden sich früher oder später im Körper manifestieren. Wenn man da dranbleibt und nach Ursachen forscht, warum die Krankheit da ist, was nicht in der Balance ist, auch bis in die Ahnenlinie hinein, dann finden sich immer Hinweise und Lösungen. Vor allem Familienaufstellungen, in der rechten Weise gemacht, bieten hier enorme Hilfen.

Ist die Ursache gefunden und gefühlt, und ist das Schicksal dazu geachtet, kann sich die Krankheit in kurzer Zeit wieder auflösen. Das habe ich oft erlebt, ich kenne Fälle von Menschen mit Multipler Sklerose, die wieder gehen bzw. tanzen können.

Ich kenne mehrere Fälle, von verschiedenen Krankheiten, die einen bestimmten Weg hatten zu entstehen und die sich schrittweise rückwärts so auch wieder aufgelöst haben. Manchmal gibt es Spontanheilungen, manchmal ist es zäher, das unterliegt einer höheren Ordnung, der wir uns anvertrauen dürfen.

Ein angemessener Ausdruck der Demut ist es, der Krankheit zuzugestehen, dass sie etwas lehren will. Auch wenn nicht sofort Heilung stattfindet, ist es wichtig, dranzubleiben, da die Themen in Schichten erlöst werden. Wenn eine Schicht gelöst ist, kann erst der Blick auf die nächste auftauchen.

Alle Krankheiten sind vorher auf feineren Ebenen schon vorhanden gewesen, und ein feinfühliger Mensch oder Heiler kann eine Krankheit entdecken und heilen, noch bevor sie sich physisch zeigt.

Beginnen Sie, Ihre Gesundheit zu verbessern mit positiven Gedanken. Auch wenn Sie die unten genannten Affirmationen nur ansatzweise spüren, werden sie wirken. Meist war es in der Vergangenheit so, dass Sie erst dann der Funktion eines Körperteils Aufmerksamkeit schenkten, wenn es Probleme damit gab. Jetzt ist Zeit zur Umkehr. Danken Sie vor dem Schlafengehen Ihrer Leber für ihre Funktion der Entgiftung, Ihren

Beinen, die Sie täglich tragen, Ihren Augen für ihr Sehen, etc. Das ist liebevolles Kümmern um den Körper und Prävention.

Gesundheit in der Neuen Zeit

Schon kleine Zeichen von Disbalancen, die der Körper zeigt, werden erkannt und selbstverantwortlich werden Kurskorrekturen und Veränderungen vorgenommen, aus Selbstliebe, damit Gesundheit bleibt.

Hier einige Affirmationen, die das begünstigen:

„Ich bin dankbar für meine Gesundheit und achte sie."

„Gesundheit ist mein Lebensrecht und ich verdiene es, vollkommene Gesundheit zu haben. Ich wähle für mich Vitalität, Lebensfreude und ganzheitliche Gesundheit."

„Ich danke meinem gesunden Körper
für Beweglichkeit und Freude."

„Kraftvolle Energie versorgt meinen Körper.
Durch meine positiven Gedanken bin ich
vollkommen gesund. Ich danke für einen
vollkommen gesunden Körper und Geist."

„Körperliche Bewegung bringt mir
Gesundheit und Energie."

„Mein Herz ist vollkommen gesund und kraftvoll."

„Ich bin dankbar für die vielfältige
Funktion meiner Hände."

„Ich bewundere die perfekte Schöpfung
in der Funktion meiner Organe, meines
Blutes, meiner Augen, ..."

Führung, Lehrer und spirituelle Lehrer in der alten Zeit

Lehrer in der alten Zeit kamen auch aus der Idee des Patriarchats, der alten Vorstellung, dass ein Lehrer immer alles wissen muss, alles können muss, keine Schwächen haben darf, keine Probleme, keine Transparenz. Er wollte um jeden Preis ein gutes Vorbild sein und hat dadurch versucht, Schwächen zu vertuschen, Unzulänglichkeiten zu verheimlichen, Ungutes zu verdrängen, immer die Fassung zu wahren, um ein Bild aufrechtzuerhalten, das kein ganzheitlicher Mensch je erfüllen kann.

Das Lehren war ziemlich dogmatisch, Hierarchien wurden streng vertreten, Regeln aufgesetzt, an die sich jeder halten musste, auch wenn das Bauchgefühl dagegen sprach, damit das einseitige Konstrukt bestehen konnte. Dadurch ist viel Manipulation, Unterdrückung, Einschüchterung, Missbrauch und Freiraumverletzung geschehen, sowohl bewusst als auch unbewusst.

Autorität wurde gleichgesetzt mit, „wer sich durchsetzt, hat Recht". Durch unsere gesellschaftliche Prägung auf formelle Macht, wie Papiere, Auszeichnungen, Titel, Uniformen haben wir fast verlernt, was wahre Autorität bedeutet. Autorität im alten Stil war dominant, willensstark und sich durchsetzend, weswegen bis heute oft eine innere Ablehnung gegen Autorität besteht.

Führung, Lehrer und spirituelle Lehrer in der Übergangszeit

Der Zeitgeist verlangt aber wieder nach den wahren Werten, wie Achtung, Liebe, Respekt, Demut, Empathie, Einfühlungsvermögen, etc. Und diese wahren Werte machen auch eine wahre Autorität aus.

Lehrer und Schüler finden sich aufgrund des Gesetzes der Resonanz. Ein Lehrer, der wahrhaft in sein Umfeld, nämlich in die Themen seiner Schüler, schaut, hat dadurch die Chance, seine eigenen inneren Themen immer mehr auszubalancieren. Da auch die Schüler verantwortlich mit ihren Themen umgehen, wird die Gemeinschaft, die sich gefunden hat, ganz und heil.

Ein Heiler sollte die Haltung haben: „Ich werde eins mit dem Anderen und heile mich selbst.“ Dann hört endlich die trennende Überheblichkeit auf.

Wenn jeder bereit ist, bei sich selbst zu schauen und zu transformieren, gibt es den alten Machtmissbrauch nicht mehr, und dann werden die Menschen sich konstruktiv gegenseitig unterstützen können.

Führung, Lehrer und spirituelle Lehrer in der Neuen Zeit

Sie sind überflüssig geworden, weil jeder selber wieder an die göttliche Führung angebunden ist und in sich und im Leben Antworten bekommt, verantwortlich und bereitwillig immer dazulernt, handelt und sich an die göttliche Ordnung hingibt.

Wenn allerdings ein Mensch, der Weisheit oder ein Wissen erlangt hat, das jemandem, der das sucht, in gegenseitigem Respekt weitergibt, dann ist dagegen nichts einzuwenden, solange keine Abhängigkeiten geschaffen werden.

Selbst Lehrer in einer Grundschule sind wach und offen für das, was sie von ihren Schülern lernen können. Und auch hier besteht gegenseitige Achtung.

Glaubenssätze, um gute Beziehungen zu Lehrern zu haben

„Ich bin in Frieden mit Autoritäten."

„Das Universum schickt immer, wenn ich es brauche, mentale, emotionale, materielle oder spirituelle Hilfe."

„Ich bin jederzeit frei."

„Das Leben selbst ist mein bester Lehrmeister, ich danke dafür."

„Ich danke für die spirituelle Anbindung, die bereits in mir fliesst."

„Ich höre auf meine innere Führung."

„Ich vertraue meiner inneren liebevollen und gerechten Führung."

Macht in der alten Zeit

Macht wurde oft herrisch oder gar herrschsüchtig benutzt. Um eigene Gefühle von Minderwertigkeit zu vertuschen, suchten Menschen in allen Lebensbereichen nach Positionen, wo sie sich unbewusst über andere stellen konnten, weil das eigene innere Thema mit Ungerechtigkeiten von Vorgesetzten oder Eltern nicht bearbeitet war.

Ein Vater missbrauchte seine Macht, indem er die Abhängigkeit der Kinder nutzte, um sie zu dominieren und dadurch ein inneres erhöhtes Selbstwertgefühl zu empfinden, was aber auf Kosten eines anderen geschah und dadurch Verdrehungen und Täuschungen hervorgerufen hat.

Ein spiritueller Lehrer missbrauchte sein Wissen, um sich Suchenden gegenüber zu erheben und Macht auszuüben.

Macht in der Zeit des Übergangs

Die Systeme, die auf einer manipulierenden, unterdrückenden Machtstruktur basieren, werden nicht bestehen können.

Das ist ein Thema, das viele Menschen betrifft, da viele unter der alten Art und Weise von Machtausübung gelitten haben und deswegen Macht ablehnen, oder blinde Flecken bei sich selbst haben, da sie so sehr gelitten haben, dass sie den Zusammenhang nicht mehr erkennen wollen oder können. Seien Sie ehrlich mit sich selbst. Ich denke, jeder hat das erlebt.

Überprüfen Sie an sich selbst, wo Sie noch in alten Machtstrukturen feststecken, sei es im Beruf, in Gelddingen oder der Partnerschaft.

Wo üben Sie selbst gerne Macht aus, oft aus Kompensation, weil Sie in der Kindheit unter unterdrückender Macht gelitten haben und jetzt, noch ungeheilt, ***unbewusst*** dasselbe Verhalten ausagieren? Oder unbewusste Rachegefühle in sich haben und noch Vergeltung wollen?

Wenn Sie jetzt eine Machtposition haben und die im alten Sinne benutzen, um unbewusste Minderwertigkeitsgefühle auszugleichen, beginnen Sie, das zu bemerken, zu bereuen. Heilen Sie das innere Kind, das damals hilflos älteren, Macht missbrauchenden Menschen tatsächlich ausgeliefert war.

So kommen Sie auch in die Veränderung, wenn Sie aus einem alten Ohnmachtsgefühl heraus glauben, ungute Umstände aushalten zu müssen. Wenn Sie sich dem Gefühl der Ohnmacht stellen, es fühlen, annehmen und verwandeln, wird etwas in Heilung kommen.

Wenn Sie in Bezug auf das Thema Macht etwas zu heilen haben, dann merken sie das oft daran, dass in der Partnerschaft oft Machtkämpfe ablaufen, oder dass Sie immer wieder ungerechte Vorgesetzte haben, oder dass Sie sich nicht so recht trauen, in ihre Kraft zu gehen, dann liegt dem meistens ein uraltes Trauma mit Macht zugrunde.

Fragen Sie sich: „Was könnte das gewesen sein, was habe ich dazu gefühlt, oder unterdrückt zu fühlen?“ Holen Sie das nach und reinigen Sie so in sich selbst das Thema Macht.

Macht in der Neuen Zeit

Die neue Macht ist die Liebe. Und die Liebe wird wieder regieren, das ist die Ordnung, wie sie immer war und auf der neuen Erde wieder sein wird. Alles, was nicht aus der reinen Liebe heraus geschieht, wird sich immer mehr zeigen, damit es sich verwandeln kann.

Positive Glaubenssätze zu Macht

„Ich freue mich über meine Macht."

„Ich handele gütig und liebevoll
in meiner Macht."

„Ich vertraue meiner Macht."

„Ich handele machtvoll in Liebe."

„Mich selbst auszudrücken erfüllt
mich mit Freude und Macht."

„Meine Gedanken und Gefühle
auszudrücken gibt mir meine Macht
zurück, diese nehme ich mit Freude an."

„Ich verlasse die Opferposition, indem ich zu
mir und meiner schöpferischen Macht stehe."

Gedanken zum Abschluss dieses Kapitels

Wenn Sie konkret in Ihrem Leben vor einer Entscheidung stehen, schauen Sie sich nochmals den jeweiligen Lebensbereich an und wie er in der Neuen Zeit sein will.

Und entscheiden dann, ob Sie sich in diese Richtung entwickeln wollen. Wagen Sie das Neue immer mehr und lassen Sie das Alte los! Es lohnt sich für eine stimmige und erfüllte Zukunft, die jetzt in greifbare Nähe kommt.

Wir haben mit unseren Gedanken und Gefühlen Schöpferkraft und müssen uns bewußt werden, dass wir unmittelbar schöpfen, sowohl das Gute, als auch das unter Umständen Schwere, das uns aus der Vergangenheit noch nachhängt.

Somit ist es wichtig, nicht an alten Prognosen, oder Ähnlichem festzuhalten, denn alles kann neu erfahren werden, wenn wir daran glauben.

Ich wünsche Ihnen eine wache Intuition, eine gute Portion Mut und Handlungsfähigkeit und viel Vertrauen in Ihre eigene göttliche Führung, um klare Entscheidungen zu treffen in den vielen kleinen und großen Gelegenheiten des Alltags!

Teil 3

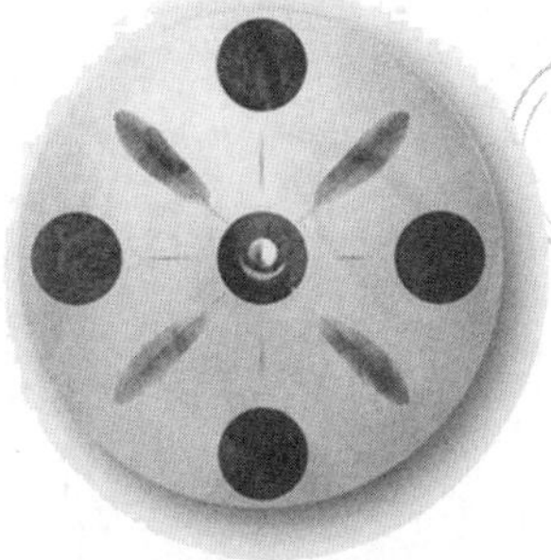

Quantensprung
&
Synthese

Der Quantensprung

Der Quantensprung kann geschehen, indem wir eine Theorie anwenden, die der Verstand erst einmal nicht verstehen kann.

Indem wir sie aber trotzdem für möglich halten und anwenden, können Gnade und Wunder geschehen, die das Ego nicht mehr wegkontrollieren kann.

Bei dieser Theorie geht es darum, dass wir erkennen, dass wir in einem Traum leben.

Der Traum ist das, was wir scheinbar real erleben. Dieses scheinbare Leben ist aber nur eine Projektion.

Es ist so, wie es ist, weil wir so denken, so fühlen, weil wir so an diese Welt glauben. Wenn wir etwas anderes glauben, werden wir auch etwas anderes erleben.

Der Traum ist unser Leben, die Wahrheit ist, dass wir nicht getrennte Wesen sind, wie es aussieht, sondern dass wir uns immer noch in der Einheit befinden.

Wir sind immer noch Eins, es ist nichts wirklich geschehen von all den Geschichten, die wir meinen erfahren zu haben.

Alles, was wir erleben sind wir selbst. In jedem, dem wir begegnen, haben wir einen Spiegel eines eigenen Anteils, und indem wir das erkennen, werden wir immer 'Einser'.

Wir waren nie von dem Göttlichen getrennt, es gibt keine Schuld, keine Strafe, keine Trennung. Es gibt auch keine persönliche Geschichte. Das ist alles Illusion, und jetzt ist die Zeit reif, diese Illusion zu durchschauen.

Indem wir die Geschichten, die unser Verstand uns erzählt, nicht mehr glauben, können wir den Traum durchschauen.

Indem wir in unserem Herzen fühlen, dass wir immer noch eins sind mit der Quelle, aus der wir kommen, werden wir Schritt für Schritt auch die Illusionen auflösen können, die uns scheinbar trennen.

Wenn wir uns einfach mal auf diese Theorie einlassen, dass die Realität, die wir scheinbar wahrnehmen, in Wirklichkeit gar nicht existiert, dass sie nur ein ziemlich echt erscheinender Traum ist, dann kann die Wahrheit, das, was wirklich ist, endlich zu uns durchdringen.

Nochmal: dieser Traum, den wir unser Leben nennen, projeziert sich durch unsere Glaubenssätze und Vorstellungen permanent in unser Erfahren. In unserem Leben, wie auf einer Bühne, stehen wir mitten in dem Film, den wir selbst drehen.

Dass uns der Film oft nicht so gefällt, liegt daran, dass er durch viele, viele unbewusste Gedanken, Gefühle und Glaubenssätze kreiert wurde. Jetzt ist die Chance, all diese unbewussten inneren Anteile zu erkennen und durch Bewusstheit zu verändern.

Gleichzeitig ziehen wir durch das Gesetz der Resonanz die Menschen und Begebenheiten an, die zu unserer bisherigen unbewussten Prägung passen. So bestätigen sie scheinbar, dass sich alles so verhält, wie wir bisher geglaubt haben.

Wahr ist allerdings: Wir sind der eine Geist, der sich millionenfach nach außen projeziert hat und der jetzt ins Einssein zurückkehrt. Der Quantensprung bedeutet, dass wir uns nicht mehr täuschen lassen von den äußeren Erscheinungen, der scheinbaren Realität.

Sie entspringt aus den unbewussten Prägungen und den Vorstellungen unseres beschränkten Verstandes, und indem wir sie als Projektionen, als Illusionen erkennen, können wir aus der Identifikation aussteigen. Es ist wie die Möglichkeit, einen alten Film anzuhalten, und einen neuen einzulegen.

Stellen Sie sich mal das Bild eines Projektors im Kino vor. So ein Projektor sitzt unsichtbar in Ihrem Kopf und projeziert Ihr Leben. Das, was Sie da sehen, bzw. scheinbar erleben, ist nur ein Traum, Maya, Illusion, wie in einem Kino, das Sie für echtes Leben halten.

Ja, genau! Ihr Auto, Ihr Haus, alles nicht echt. Nur ein Film, den Sie meinen zu erleben. Im Kino sitzen Sie auch manchmal bei einer rührseligen Szene da, und weinen, dabei wissen Sie, dass es nur ein Film ist.

Sie können diesen Film ändern und durchschauen, über den Sie sich voller Inbrunst und Emotion gerade aufregen.

Indem Sie sich erstens sagen, „Alles ist nur Illusion, es ist ja gar nicht wahr" und zweitens „Ich sehe immer nur mich und ich vergebe mir".

Anstatt in Abwehrstrategien, Schuldzuweisungen und Projektionen weiterhin den Unfrieden nach außen zu verlagern, übernehmen wir Verantwortung für die Dinge, die uns nicht gefallen, und verwandeln sie in unserem Inneren.

Denn alles, was ich da sehe, existiert ja nicht wirklich, sondern ist nur eine Projektion aus meinem Inneren. Das Problem liegt deshalb nicht bei den anderen, sondern bei uns selbst.

Das kann man nicht oft genug wiederholen, denn diese Sichtweise ist so anders als das Kollektivdenken und so ungewohnt, dass wir leicht wieder Schuld nach außen verlagern. Und das Ego nutzt jede Gelegenheit, um sich zu vergleichen und besser, unschuldiger und fehlerloser als andere zu fühlen.

Die gesamte Welt ist unsere eigene Schöpfung, und alles, was in unserer Welt vorkommt, was uns nicht gefällt, will von uns geheilt werden. Und das machen wir, indem wir voller Mitgefühl im Herzen das wahrnehmen, was uns nicht gefällt und sagen:

„Wenn ich mich jemals so verhalten habe, wie das, was ich da sehe, dann tut es mir aufrichtig leid und ich liebe mich immer noch". Oder „Wenn ich mich jemals so verhalten habe, wie das, was mir angeblich angetan wurde, dann tut es mir aufrichtig leid und ich liebe mich immer noch".

Diese Art des Friedensgebets nennen die Hawaiianer Ho'oponopono. Sie ist die Form täglicher Vergebung im Herzen, die wahren Frieden bringt.

So kehrt Frieden ein, indem wir das, was wir sehen, als eigene Schöpfung erkennen und aufrichtig fühlen. „Wenn ich so etwas jemals in einem unbewussten Moment erschaffen habe, tut es mir leid und ich würde es nicht wieder tun."

Wie gesagt, das versteht der Kopf oft nicht, aber wir können uns entscheiden, uns immer mehr an diese Theorie zu erinnern, und so wird diese uns leidige Realität bröckeln, und wir werden immer mehr gleichzeitig im Hier und Jetzt die Wahrheit erfahren können. Die Wahrheit, dass immer nur Liebe gemeint war, wir aber aus unserem abgekoppelten Verstand etwas anderes verstanden und daraus gemacht haben.

Die Schwingungserhöhung begünstigt das Erkennen dieser Wahrheit, und wir haben jetzt die Möglichkeit, zu erwachen zu dem, was wir wirklich sind. Denn in Wirklichkeit sind wir ein Wesen, das sich jetzt in allem erkennen kann und mit Liebe auf alles schauen kann.

Wenn wir Raum lassen und nicht mehr mit unseren Gedanken und Emotionen identifiziert sind, kann unser wahres Selbst sichtbar werden, das die reine Liebe ist.

Wenn Sie diesen Raum wahrnehmen, und wenn es nur für einen kurzen Moment ist, dann feiern Sie diesen Moment! Denn dieser 'Space' möchte immer öfter erkannt werden, um aus ihm heraus das Goldene Zeitalter zu erschaffen. Da liegt unser direktes und bewusstes Schöpferpotential, das erschafft, was Sie und alle glücklich macht.

Die scheinbare Realität ist Illusion, sie reflektiert lediglich, was wir denken und fühlen, was wir für wahr oder für möglich halten, wie ein Spiegel. Wir können sehen, was wir denken und was wir für die Wahrheit halten, aber das ist eben nicht die Wahrheit, sondern nur die Illusion.

Das zu erkennen, können wir dann als Sprungbrett in die Befreiung nutzen, und Freiheit ist, wenn wir nicht mehr mit unseren Vorstellungen, unserem Willen, unseren Problemen und der Ego-Persönlichkeit identifiziert sind.

Indem wir die Aufgabe annehmen, aus dem Traum zu erwachen, und immer mehr die eigene Projektion zurücknehmen, kann immer mehr das wahre Sein einfließen, der göttliche Raum, die eine Wahrheit, die Liebe.

Das Ego und der Verstand können das nicht verstehen und arbeiten auch gerne immer wieder dagegen, aber wenn wir im Herzen verbunden sind, kann das Herz diese Wahrheit fühlen und helfen, sich zu erinnern.

Es ist eine Art Spiel, aus dem wir jetzt erwachen können, um zu lernen, was wahrhaftig ist, was Schein ist, was Illusion ist, was echt, was nicht?

Wahr ist, wir sind wir, immer noch vereint mit Gott, wir sind immer noch geborgen in der allumfassenden Liebe, nichts ist wirklich geschehen. Das meint der Ausspruch aus ‚Ein Kurs in Wundern': „Nichts Wirkliches kann bedroht werden, nichts Unwirkliches existiert."

Gary Renard hat dazu das Buch 'Die Illusion des Universums' geschrieben, das dieselbe Theorie beschreibt. Wer hier tiefer einsteigen möchte, dem empfehle ich sein Buch und 'Ein Kurs in Wundern' immer mal wieder zu lesen, um sich mit diesem Denken vertrauter zu machen.

Je mehr Raum Sie lassen für dieses ungewohnte Weltbild, das ich Ihnen eben vorgestellt habe, desto mehr können Sie diese Wahrheit erfahren und fühlen, wenn die Seele dazu bereit ist.

Aber Sie müssen auch gar nicht tiefer einsteigen, wenn Sie einfach mehrmals am Tag innehalten und sich an diese Theorie erinnern, ist schon viel gewonnen. Indem wir uns nicht dauernd so ernst in das Erlebte verbeißen, indem wir immer mehr aus der Identifikation heraustreten, geschieht Wandlung von selbst.

Oder bitten Sie immer öfter um Gnade, dass Sie immer mehr erfahren dürfen, was die wirkliche Wahrheit ist. Dieses Erfahren ist etwas, was einfach geschieht, das kann man nicht willentlich erzwingen, oder kaufen, aber man kann darum bitten. Dazu braucht es ein Herz am rechten Fleck, Demutsfähigkeit, Offenheit und Dankbarkeit für das, was schon ist.

Geben Sie zu, dass Sie nicht alles wissen und gerne höhere Weisheit annehmen möchten. Indem Sie innehalten und das, was sie selber erzählen, nicht mehr so ernst nehmen, kann viel Größeres geschehen. Nehmen Sie sich nicht so wichtig, aber kümmern Sie sich liebevoll um sich selbst.

Je mehr Sie aus der Identifikation aussteigen, zum Beispiel, indem Sie mitten in einem Beklagen der Umstände Luft holen und sagen: „Vielleicht ist es auch ganz anders? Vielleicht ist das nicht die ganze Wahrheit, die ich da gerade voller Vehemenz vertrete? Vielleicht existiert diese Welt so nur, weil ich so an sie glaube? Es könnte auch ganz anders sein!", dann kann sich die Wahrheit, die Liebe, die Fülle, die Geborgenheit, die permanent da ist, auch zeigen.

Nun, das gefällt einem Ego aber nicht so sehr, es will nicht gerne zugeben, dass es sich all die Zeit getäuscht hat, es will festhalten am Gewohnten, es will immer Recht haben, das ist sein allerliebstes Spiel, womit es sich ständig aufrecht erhält.

Das Ego ist im Grunde einfach ein innerer Anteil, der Angst hat, der sich verteidigt und am Gewohnten festhalten will, das heißt, durch die Arbeit mit dem inneren Kind kann sich dieses Ego verwandeln, und in uns gibt es eine Instanz, die darauf Einfluss hat.

Das Ego ist nichts, was zu eliminieren wäre, es ist menschlich und darf sein. Nur sollten wir uns immer mehr bewusst machen, dass es aus Angst entstanden ist, und nicht die Wahrheit, dann ist schon viel gewonnen.

Wenn Sie sich gerade über Ihre Welt beklagen, gehen Sie nach innen, schauen, wo sich diese Emotion von Zorn oder Unzufriedenheit gebildet hat und bearbeiten das in sich.

So ändert sich dann auch der Film, den Sie in Ihrer Welt sehen, und der Ihnen vielleicht nicht gefällt.

Gleichzeitig brauchen unsere scheinbar verletzten Gefühle Trost und die Erlaubnis zu fließen, während wir eigentlich bereits nicht mehr an die Geschichte glauben.

In diesem Paradoxon liegt unser Weg des Erwachens.

Haben Sie nicht schon mal etwas Schlimmes erfahren und im nachhinein hat sich herausgestellt, dass das der Schlüssel zu einer positiven Wendung Ihres Lebens war? Indem wir mehr vertrauen und uns nicht an Gewohntes klammern, wird es immer leichter.

Diese Welt wird immer unglaublicher, während der Eine verzückte und entrückte Glücksmomente erfährt, weil er mitten im Alltag in eine andere Dimension 'schauen' konnte, erlebt der Andere, vielleicht sogar der unmittelbare Nachbar, parallel sein größtes scheinbar reales Drama.

Dabei ist die eigentliche Wahrheit: wir sind immer noch in der Einheit und immerzu geborgen in der Liebe Gottes, und er bzw. sie möchte nur unser Bestes. Für mich hat Gott männliche und weibliche Qualitäten zugleich.

Das Göttliche ist für mich fühlbar als beobachtendes, mitfühlendes Gewahrsein, und wenn es präsent ist, dann geschieht alles wie geführt, leicht und genial, wie es niemand hätte besser planen können.

Es geschieht einfach, wenn wir uns vertrauensvoll an dieses Größere wenden und den Gedanken zulassen, dass da eine Intelligenz ist, die immer unser Bestes im Blick hat.

Ich gebe Ihnen ein paar kurze Sätze, die nicht verstanden werden müssen, die uns aber auf einer anderen Ebene helfen, uns zu erinnern:

Neue Sätze für eine alte Erinnerung

„Wir leben in einem Traum, aus dem wir jetzt erwachen können."

„Alles ist ein reiner Geist, auch wenn wir uns als getrennte Wesen wahrnehmen."

„Der Traum ist die Illusion, die wir als Realität wahrnehmen, die aber durch unsere Gefühle und Glaubensmuster gefüttert wird."

„Die Trennung, die wir wahrnehmen, ist Illusion – die Einheit existiert immer noch."

„Im Grunde sind wir noch in der Einheit, es ist nichts geschehen."

„Alles ist immer noch ein Geist."

„Was mich da draußen stört, ist eine unbewusste Projektion, die mir zeigt, was ich über die Welt denke."

„Es gibt niemanden da draußen, das bin alles ich selbst."

„Im Be- oder Verurteilen verfestigen wir die Illusion."

„Im Erkennen der Illusion lockert sie sich und löst sich auf."

„Es existiert zwar alles nicht, aber innerhalb der Illusion übernehme ich zu 100% Verantwortung für meine Kreation."

Was wir mit dieser Philosophie aktiv tun können

Da es nur einen Geist gibt, sehe ich in allen Beteiligten meines Lebens immer nur mich. Und indem ich bei allem, was mich stört, das Friedensgebet der Hawaiianer anwende und sage: „Ich sehe immer nur mich und ich vergebe mir“, löst sich die Illusion Schritt für Schritt auf.

Das zweite wirklich konkrete Werkzeug für den Alltag ist die Quantenheilung.

Wenn Sie konsequent mehrmals am Tag innehalten und das, was Sie sagen, denken und glauben nicht so ganz ernstnehmen, können Sie Raum schaffen, damit das Gute geschehen kann.

Verbinden wir uns mit Hilfe der Quantenheilung täglich mit der Quelle, aus der wir kommen, damit sie wirken kann und uns Unterstützung, Fülle und Liebe bringen kann.

Durch das Verbinden mit der Quelle, aus der wir kommen mit allen begrenzenden Themen, die wir so täglich haben, kann das Wahre, die Gnade einfliessen.

(Mehr zur Quantenheilung: Andrew Blake, QCT Quantum Consciousness Transformation)

Die Synthese

Unser Planet, die Erde und ihre Bewohner befinden sich gerade in einem großen Transformationsprozess, der der ‘Aufstieg der Erde’ genannt wird. Dieser Prozess ist schon seit einiger Zeit im Gang und jetzt ist der Zeitpunkt gekommen, aus dem bisherigen Traum zu erwachen und das Goldene Zeitalter zu erfahren.

Wir bewegen uns dabei aus der scheinbaren Realität in die Einheit. Dabei durchlaufen wir die Zwischenphase der Transformation. Wenn wir uns bewusst auf diese Phase einlassen, bzw. sie wie zuvor beschrieben mitgestalten, dann kommen wir in die Lage, die Einheit in diesem physischen Körper im täglichen Leben zu erfahren.

Die Schwierigkeit an der Transformationsphase im Moment ist, dass wir teilweise in der scheinbaren Realität sind und schon anteilig in der Einheit. Dabei gilt es zu erkennen, wann welche Ebene welche Herangehensweise braucht.

Teilweise sind wir präsent im physischen Körper und teilweise schon mit Bewusstseins-Anteilen in der Einheit, und die erste Ebene braucht eventuell noch tiefes Fühlen und Trost, während die zweite eventuell Dankbarkeit und Loslassen der Illusion braucht. Wieder geht es um eine Gratwanderung, die rechte Mitte, wann was dran ist.

Zum einen geht es darum, nicht unnötig lange das Drama zu nähren, das in der persönlichen Geschichte liegt. Zum anderen braucht ein Anteil, der nie sein durfte und seine Gefühle nicht ausdrücken durfte, die Erlaubnis, diese endlich fließen zu lassen. Dieser Anteil braucht liebevolle Aufmerksamkeit, um heilen zu können, wie eine Mutter, die ihr Kind tröstet, die aber weiß, dass es in fünf Minuten wieder gut ist.

Die Mutter entspricht in diesem Beispiel der Einheit, und als Mutter gibt sie, was ein Kind braucht: Trost, Mitgefühl und Zuwendung in dem Wissen, dass alles bald wieder in die Ordnung kommt.

In dem Beispiel 'Mutter und Kind' haben wir innerlich als Mutter die Aufgabe unser inneres Kind zu trösten, wenn sich ein Schmerz zeigt, und gleichzeitig versöhnlich zu sein mit der ganzen Geschichte, da wir wissen, dass die Ordnung immer noch da ist.

Wenn man diesem Kind sagt, „Es ist doch nicht so schlimm!", missachtet man es und verletzt es zusätzlich. Deswegen ist es fatal, an dieser Stelle so zu tun, als hätte es 'gar nicht wehgetan'. Um das Mitgefühl kommen wir nicht herum, und das ist es, was wir immer mehr entwickeln dürfen, und was der Welt am meisten fehlt.

Alle Menschen brauchen Liebe und deswegen können wir das Fühlen nicht umgehen. Wir sind in erster Linie fühlende Wesen.

Hier müssen wir aufpassen, die Einheit, nach der wir uns alle sehnen, nicht als Flucht zu benutzen, sondern hier und jetzt mit unserem Umfeld Liebe lebbar zu machen und die Einheit und Vollkommenheit im täglichen Leben zu leben. Unsere Aufgabe ist heutzutage mit den Menschen im Alltag in Harmonie und Liebe zu sein, und nicht an einem abgeschiedenen Platz entrückt in Meditation sich eins zu fühlen.

Sind wir gerade in Kontakt mit einem Anteil, der sehr konkret ein Gefühl fühlen muss, um durch das Fühlen Heilung und Klarheit zu erlangen, dann arbeiten wir zunächst mit dem inneren Kind.

Haben wir schon einiges dazu innerlich angeschaut, kann es sein, dass wir uns zwar in das Gefühl begeben, aber nur kurz. Das rechte Maß an Aufmerksamkeit für das Gefühl ist hier sehr wichtig.

Nachdem das Gefühl im rechten Maß geachtet ist, können wir uns erinnern, dass alles Illusion ist – und das hilft uns, uns zu entscheiden, das Drama loszulassen und in Leichtigkeit weiterzugehen.

Wir haben alle noch Anteile an inneren Kindern, die schwer verletzt wurden, weil die Vorgenerationen unserer Eltern und Großeltern nicht geübt waren, mit Gefühlen umzugehen.

Da sie es nie gelernt hatten, waren sie nicht selbstverantwortlich im Umgang mit ihren Gefühlen, sondern benutzten oft auch Kinder oder Untergebene, um unbewussten Zorn, Hass, Unzufriedenheit an ihnen auszulassen. Das nennt man emotionalen Missbrauch, und den haben wir fast alle erlebt.

Durch die vielen Familienaufstellungen, die ich mache, sehe ich immer wieder, wie unsere Vorgenerationen sehr Schweres zu bewältigen hatten. Da sie dazu kaum in der Lage waren, weil der Umgang mit Gefühlen und zusätzlich noch mit diesen tief schmerzhaften Gefühlen, wie aus dem Krieg, auf der Flucht, in Hunger und Not, nicht gelernt wurde.

Wie wir aus der Physik wissen, geht Energie nicht verloren, und so gingen diese verdrängten Gefühle und somit ungelösten Schicksale auf die nächsten Generationen über.

Nun haben wir die Chance und die Aufgabe, diese zu fühlen und mit etwas mehr Abstand aufzulösen. Man kann Energie nicht 'wegmachen', aber verwandeln. Das Unedle in Edles, den Hass, die Angst, in Liebe.

Alles entsteht im feinstofflichen, nicht manifesten Raum durch Gefühle oder Gedanken, und zeigt sich dann in der Materie, bzw. im Körper. Bohren wir zu viel in alten Wunden herum, bekommen sie zu viel Aufmerksamkeit, und verfestigen sich dann in der Materie.

Bei meiner Art der spirituellen Transformations-Aufstellungen wirkt dieser Geist des mitfühlenden Gewahrseins und des gleichzeitigen Wissens, dass alles gar nicht wirklich existiert, zusammen. Das macht es möglich, dass sehr tiefgreifende Themen schnell und relativ leicht verändert werden können. Dadurch, dass die ursprüngliche Ordnung jederzeit einwirken darf, können schwere Schicksale mit Leichtigkeit Wandlung und Gnade erfahren, was sonst nicht so einfach möglich ist.

Es geht darum, alles Disharmonische im Leben nach innen zu nehmen, bei sich den eigenen Anteil zu verwandeln, mal mit tiefer Aufmerksamkeit für ein bestimmtes Gefühl, mal mit leichter Anhebung auf eine höhere Ebene.

Hier ist für mich das Mittel der Wahl die Quantenheilung, mit der sich sehr schnell Veränderungen zeigen können. Aber Achtung, nicht immer ist Quantenheilung angezeigt, auch '2-Punkte-Methode' genannt. Taucht z.B. Zorn auf, und der soll dann einfach mit Quantenheilung weggepunktet werden, ist das kontraproduktiv, weil ein inneres Kind unter Umständen schon platzt, da es Zorn nie ausdrücken durfte. Deswegen ist es in vielen Fällen hilfreich, Zorn erst einmal konkret zu fühlen.

Es geht nicht darum, Zorn 'wegzumachen', sondern ihn in einen gesunden Fluss zu bringen und aus ihm zu lernen. Er war ja nicht willkürlich da, er hatte seinen Sinn, und den erkennen wir nur über das Fühlen, dann erst kann er sich auflösen.

Zorn ist im Grunde wie ein Glöckchen, das uns anzeigen möchte: hier achtet jemand gerade den vitalen Freiraum nicht, hier geht jemand über die Grenze. Wenn Sie das im Anfangsstadium bemerken, sprechen Sie es an, und dann ändert sich etwas. Da Zorn aber lange Zeit gesellschaftlich nicht erlaubt war und unterdrückt wurde, braucht er zur Gesundung erst einmal die Erlaubnis, fliessen zu dürfen. Wenn Zorn sein darf, hilft er uns sehr, die Dinge klar zu erkennen, wenn Zorn nicht erlaubt ist, werden wir schlimmstenfalls krank.

Der Zorn und die Angst vor der Welt sind entstanden, weil wir irgendwann einmal die Liebe Gottes falsch verstanden haben und auf diesen Gott Ungerechtigkeit projeziert haben. Er hat uns freie Schöpferkraft zur Verfügung gestellt, und wir haben diese Welt selbst erschaffen, wie sie ist, und das haben wir Gott zum Vorwurf gemacht, der uns jedoch immer noch in Liebe gewähren lässt.

Die Wahrheit ist, dass diese Liebe nur darauf wartet, dass wir aufwachen und uns an sie erinnern. Wir können jederzeit zurück in die Einheit und die Liebe gehen.

Wir haben gar nichts falsch gemacht, alles läuft nach Plan, und jetzt ist es einfach Zeit, nach Hause zurückzukehren. Wichtig dabei ist, dass wir vorher für uns und unsere Mitmenschen Mitgefühl haben, sonst wird eine kalte und abgehobene Theorie daraus.

Wir werden in dieser Zeit des Übergangs mit unseren tiefsten Ängsten konfrontiert, je mehr wir uns damit in Liebe annehmen und dann wissen, dass alles gar nicht wahr ist, umso mehr werden wir davon erlöst.

An diesem Punkt, diesem 'Schaltpult', stehen wir jetzt – wenn wir erkennen, dass wir übende Schöpfer waren, die Fehler gemacht haben. Ab dem Moment fügen wir uns wieder vertrauensvoll in die ursprüngliche Ordnung ein und können wir uns vom dem Göttlichen wieder nach Hause in die Einheit führen lassen. Es ist nichts verloren, sobald wir uns wieder auf die Liebe ausrichten.

Sie selbst führt uns, und was wir alleine nicht schaffen, das schaffen wir dann zusammen, indem wir uns gegenseitig erinnern, unterstützen und ermutigen.

In diesem Sinne wünsche ich meinen Gefährten Mut und Zuversicht und freue mich, wenn ich Bewusstsein schaffen und Kraft geben konnte.

Machen Sie das eigene wahre Wesen wieder lebendig, und lassen Sie uns diese Zeit nutzen, damit wir gemeinsam die Liebe und unsere Herzensanliegen wieder in die Welt bringen.

Ich danke dem Leben, meiner präzisen Lehrmeisterin.

Dank

Ich möchte mich ganz besonders bei den Tieren bedanken, die immer in der ursprünglichen Ordnung der Liebe sind und mich dadurch sehr unterstützt haben, die Urquelle nicht zu vergessen. Meine große Liebe zu den Pferden hat mich oft getragen, einen nicht einfachen Lebensweg zu bewältigen.

Mein Dank gilt vor allem meinem langjährigen Freund Erwin aus Süd-Tirol, der mir seit über 20 Jahren schon seine Shagya-Araber Pferdeherde zur Verfügung stellt. In diesen für mich besonderen, ungezähmten, hochsensiblen Wesen habe ich mich in meinem ursprünglichen Wesen wiedererkennen können, und so ist es bewahrt worden und nicht verloren gegangen.

Ich danke insbesondere Arkan, Simona, Ur, Leila, Sheila, und Simba. Auch danke ich Mutter Natur, den Bergen, dem Ammersee und den Pflanzen, allen Lehrern, vor allem Ñaupany Puma, und allen Wegbegleitern, Freunden und Klienten, mit denen so eine innige Verbindung entstanden ist.

Mögen alle fühlenden Wesen
den Frieden auf Erden
wieder erfahren.

Dank

Ich möchte mich ganz besonders bei den Tieren bedanken, die immer in der ursprünglichen Ordnung der Liebe sind und mich dadurch sehr unterstützt haben, die Urquelle nicht zu vergessen. Meine große Liebe zu den Pferden hat mich oft getragen, einen nicht einfachen Lebensweg zu bewältigen.

Mein Dank gilt vor allem meinem langjährigen Freund Erwin aus Süd-Tirol, der mir seit über 20 Jahren schon seine Shagya-Araber Pferdeherde zur Verfügung stellt. In diesen für mich besonderen, ungezähmten, hochsensiblen Wesen habe ich mich in meinem ursprünglichen Wesen wiedererkennen können, und so ist es bewahrt worden und nicht verloren gegangen.

Ich danke insbesondere Arkan, Simona, Ur, Leila, Sheila, und Simba. Auch danke ich Mutter Natur, den Bergen, dem Ammersee und den Pflanzen, allen Lehrern, vor allem Ñaupany Puma, und allen Wegbegleitern, Freunden und Klienten, mit denen so eine innige Verbindung entstanden ist.

Mögen alle fühlenden Wesen
den Frieden auf Erden
wieder erfahren.